政府の理性、
自治の精神

武智 秀之 著

中央大学出版部

はじめに：理性と情念の交錯

「理性は情念の奴隷であり，かつ奴隷であるべきである。情念に仕え，それに従う以上のつとめを何かもっていると主張することはけっしてできない」（ヒューム1951：205)[1]。

　イギリスの思想家，ヒュームは自然信仰主義の思想を展開する中で人間の本性をこのように明らかにした。人間の活動は自省的で理性的なものでなければならないが，かといって理性だけで集団活動が維持・継続できるわけではない。人間の進歩は理性を超越した情念・情熱・意欲・意志なしではありえないのである。それでは，このような理性と情念との関係についてどのように理解したらよいのだろうか。ロールズはヒューム哲学を理解する鍵として，理性と情念の同時存在を指摘している。つまり，ヒュームが「彼の哲学的反省と，彼の本性の心理的性癖とのあいだでバランスがとれるという結果を，彼が甘んじて受け入れている」（ロールズ2005：55）というのである。

　相矛盾するものが1つの存在の中に両立することは，キリスト者の精神にも見いだせる。自由と奉仕の相矛盾する命題として，ルターが『キリスト者の自由』の中で示した福音主義の神髄がそれである。「キリスト者はすべてのものの上に立つ自由な君主であって，何人にも従属しない。キリスト者はすべてのものに奉仕する僕であって，何人にも従属する」（ルター1955：13）。この2つの矛盾する命題を1つの存在の中で解決することこそ，キリスト者に求められている責務である。相矛盾する2つの価値の葛藤・相克を解決し，対立関係を補完関係に変えていく点に社会の合理性を解く鍵があるのではないか。

　修士論文の執筆から公共政策の合理性や基準について研究関心を持ち続けて

いた著者にとって，人間というものを一貫した論理で単純に理解しようとせず，複雑な矛盾した双方向性をもった存在として理解しようとしたヒュームの視点は新鮮であった。道徳的善悪の区別は理性ではなく，情念に基づくことをヒュームが示した点は重要である。自由と奉仕の二律背反を解決するキリスト者の視点も示唆が多い。政府や自治の活動もこのような複数の論理の相互作用として理解し，限定された合理性の中で皆がある程度満足する社会として描くことができるのではないか。理性的判断ではない，むしろ一見非合理的にみえる活動にこそ，政策や行政の本質を解く鍵があるのではないか。このような関心から，本書は政府活動の理性的判断と自治活動の情念的精神の交錯する領域を研究対象としている。

このような2つの，しばしば相反しがちで，しかも補完的な関係は，政府活動や自治活動の公共空間を複雑で理解しにくいものとしている。また，行政官や専門家が理性的常識を下し，素人である市民は情熱を持って改革を進める志向性をもつものと理解されることが多い。国民国家がマクロ的な財政規律を示し，自治体が財政錯覚に基づき非合理的行動をとるものと理論上了解されることもある。しかしながら，マクロとミクロ，理性と情念，合理性と非合理性という対立構図ははたしてどこまで有効なのか。これらは相反的な存在としてだけではなく，2つの力が相互作用して形成された所産として現代社会を理解すべきではないか。そして，この理性と情念（精神）の相反と補完の関係を同時成立させ，相互作用させることこそが，国民の幸福を向上させるためのより良い方向性を生み出すことになるのではないかと確信している。

近年は大学では改革が相次ぎ，その中で定期的に研究成果を出すことは難しくなってきた。しかしながら，人一倍生産的な研究成果をあげながら，教育活動も大学行政も社会活動も他の人以上にこなしている人たちを見ながら，研究に対する情熱を失わない姿にいつも励まされることが多い。個別の名前はあげないが，刺激をいつも与えてくれる学会の同業者たちや職場の同僚たちにお礼を申しあげたい。自治体職員や市民からも審議会やワークショップなどで，多くを学ばせていただいている。この本を刊行しようと決意したのも，彼ら／彼

女らとの出会いがきっかけである。また学生とのコミュニケーションの中で，学ぶことも少なくない。社会科学を教える大学人にとって，講義は理論や概念を学生に教えることを通じてその有効性や妥当性を検証する現場である。日ごろから負担の多い講義や演習に付き合わされている学生たちにも感謝したいと思う。学生たちとの対話は研究の阻害要因ではなく，自分の研究を問い直す貴重な機会となっている。

　もとより学説や専門用語のジャーゴンに逃避することなく，社会活動であれ教育であれ，わかりやすく説明し，質問にも応答できるようになることこそが，研究者・教育者としての責務である。そこに専門家としての力量が問われていると言ってよい。教育や管理業務や社会活動も研究の合理性を制約する条件としてではなく，むしろ促進し，深みを増す要素となるよう，これからも努力していきたいと思う。

　1)　ただし訳は一部変えている。

目　　次

はじめに：理性と情念の交錯

第1章　政策とガバナンス

はじめに …………………………………………………………………… 1
1. グローバル資本主義とガバナンス ………………………………… 1
　（1）グローバリゼーションとは何か　1
　（2）グローバル化の次元と国際秩序　3
　（3）グローバル化と主権国家　4
2. 福祉国家の政治経済学 ……………………………………………… 6
　（1）福祉国家の発展と再編　6
　（2）福祉国家の普遍性と特殊性　9
　（3）制度の伝播と普及　10
3. ガバナンスと政治過程 ……………………………………………… 12
　（1）多元主義とその背景　12
　（2）コーポラティズムと政策形成　14
　（3）日本のガバナンス構造　17
おわりに …………………………………………………………………… 18

第2章　政府間関係の再編

はじめに …………………………………………………………………… 21
1. 改革の課題 …………………………………………………………… 22
　（1）分権改革の課題設定　22
　（2）大綱方針の策定と地方分権推進法の制定　23
　（3）地方分権推進委員会の役割　26
2. 課題の成果 …………………………………………………………… 29

（1）機関委任事務の廃止と新たな事務区分　29
　　　（2）国の関与と係争処理ルール　33
　　　（3）必置規制の見直し　36
　3. 成果の継続 ………………………………………………………39
　　　（1）補助負担金・税財源の見直し　39
　　　（2）市町村合併と広域連合　42
　　　（3）都道府県と市町村の関係　45
　おわりに ……………………………………………………………47

第3章　ミニマム論再考

　はじめに ……………………………………………………………51
　1. 福祉国家とナショナル・ミニマム ……………………………52
　　　（1）ナショナル・ミニマムの意味　52
　　　（2）福祉国家の中央・地方関係　53
　2. ミニマムの構成要素 ……………………………………………55
　　　（1）政策公準としてのニーズ　55
　　　（2）政策公準としての効率　57
　　　（3）政策公準としての自由　59
　3. ミニマム決定の手続きと過程 …………………………………60
　　　（1）ミニマム決定の方法　60
　　　（2）政治過程としての三位一体改革　62
　　　（3）妥協と先送りのミニマム決定　65
　4. 自治とデモクラシー ……………………………………………68
　　　（1）福祉国家とデモクラシー　68
　　　（2）民主主義とソーシャル・キャピタル　70
　　　（3）ソーシャル・キャピタルの意義と限界　72
　おわりに ……………………………………………………………73

第4章　自治体間競争と格付け・認証

　はじめに ……………………………………………………………77

1. 自治体間の競争 …………………………………………………………78
   （1） 足による投票仮説とは何か　78
   （2） 仮説への批判と限界　79
   （3） 自治体間競争の実態　80
2. 格付け活動の実際 ………………………………………………………82
   （1） アメリカにおけるベンチマークスの設計　82
   （2） イギリスにおけるベンチマークスの設計　84
   （3） 日本における格付け活動　87
3. 信頼の制度設計 …………………………………………………………89
   （1） 格付けの意義と限界　89
   （2） 認証や自己評価の対象・手法・意義　92
   （3） 住民の3つの顔　93
おわりに ………………………………………………………………………95

第5章　自治体のジレンマ

はじめに ………………………………………………………………………97
1. 介護の実施体制と提供団体 ……………………………………………98
   （1） 要介護基準の標準化　98
   （2） 要介護認定の問題点　100
   （3） 公的介護の実施体制　101
   （4） 提供団体の多様化　102
2. 供給量と利用割合 ……………………………………………………103
   （1） サービス供給量の拡大　103
   （2） 低いサービス利用割合の理由　104
   （3） 棲み分けとしての日本型多元主義　106
   （4） 介護保険と財政至上主義　107
3. 自治体の役割 …………………………………………………………109
   （1） 基礎自治体のジレンマ　109
   （2） 都道府県の役割　110
   （3） 基礎自治体の役割　111

おわりに ………………………………………………………………… 114

第6章　共生と地域ガバナンス

はじめに ………………………………………………………………… 117
1. 差異とシティズンシップ …………………………………………… 118
　（1）シティズンシップとは何か　118
　（2）能動的シティズンシップの可能性　120
　（3）公共理性とシティズンシップ　122
2. 公共施設における共生 ……………………………………………… 124
　（1）コミュニティにおける協働　124
　（2）公共施設は誰のものか　126
　（3）地域ガバナンスのあり方　127
3. ホームレスとの共生 ………………………………………………… 128
　（1）貧困と社会的排除　128
　（2）政策対象としてのホームレス　130
　（3）地域住民との共生　131
おわりに ………………………………………………………………… 133

第7章　参加とデモクラシー

はじめに ………………………………………………………………… 137
1. 審議会の機能 ………………………………………………………… 137
　（1）審議会の役割　137
　（2）権威づけとしての審議会　138
2. 審議会と政策決定 …………………………………………………… 139
　（1）審議会の類型　139
3. 審議会政治の変化 …………………………………………………… 142
　（1）審議会政治　142
　（2）審議会の変化　143
　（3）自治体の審議会　147

4. 専門家と市民の役割 ……………………………………… 148
   （1） 専門家と利害関係者　148
   （2） 能動的市民の可能性　149
5. 武蔵野市コミュニティ評価委員会の事例 ……………… 150
   （1） コミュニティ評価委員会の設置　150
   （2） コミュニティ評価委員会の審議　152
   （3） コミュニティ評価委員会の課題　154
おわりに ………………………………………………………… 155

第8章　公共空間とガバナンス

はじめに ………………………………………………………… 159
1. ガバナンスとは何か …………………………………………… 160
   （1） ガバナンス改革の現在　160
   （2） NPM改革の光と影　161
   （3） 公共空間の次元　162
2. リスクとコミュニケーション ………………………………… 164
   （1） 都市のリスク　164
   （2） 合理性とコミュニケーション　165
   （3） 公共圏と複雑性　167
3. 熟議民主主義の可能性 ………………………………………… 169
   （1） 熟議民主主義とは何か　169
   （2） 熟議民主主義の政策手法　171
   （3） 制度設計の問題点　174

参考文献
初出一覧
索　　引

第1章　政策とガバナンス

はじめに

　少子高齢化という人口構成の変化が大きく政策内容に影響するように，福祉政策は経済社会の関数として存在する。そのことは民主主義国家である限り，どの国も程度の差はあれ，かわりはない。しかしながら，制度の選択と配置については，各国で大きな違いがあり，それは政治行政による選択の帰結である。それはどのような条件から差異が生まれてきているのか。そして政策パフォーマンスの向上を可能にする政治制度はありうるのか。はたして政策パフォーマンスの向上と民主主義とは両立しうるのか。

　本章の目的は，比較の視点から福祉のガバナンス構造を説明することである。はじめにグローバル化について説明した後，それが国内の政治行政，とくに国民国家や福祉国家へ与えている影響について論じる。つぎに福祉国家がどのような形態で多様な発展を遂げたのかという関心から福祉国家論を論じる。さらに民主主義の制度設計として，多元主義とコーポラティズムについて検討する。そして民主主義と公共政策の関係について最後に論じることにしたいと思う。

1. グローバル資本主義とガバナンス

(1) グローバリゼーションとは何か

　グローバル化はしばしば「国際化」「自由化」「普遍化」「アメリカ化」「非主権化」「非領土化」として語られる。これらの言説は多分に真実と誤解とを共

存させているが，ここでグローバル化とは人，物，アイデアなどが国境を越えて移動する実態を意味して用いることにしたい。たとえば，人権の正統化，商取引の電子化，コミュニケーション手段の急速な発達，非政府組織のネットワーク化，感染症の伝染，国際資本市場の展開，移民労働者の増大，製造業の国際的な展開などがそれである。

ただし，グローバリゼーションについての見解は様々である。ヘルドはハイパーグローバリスト，懐疑主義者，転換主義者の3つにグローバル化に対する見解を区分しているが（ヘルドほか2006：17），それらに共通する認識としてはグローバル化によって主権国家は変更を迫られているという点がある。逆にグローバル化を消極的に評価する認識と違う点は，影響の大きさや功罪，コストとリスク，国際秩序や民主主義のあり方に対する認識の違いであろう。

スティーガーによると，グローバル化は4つの特徴をもっているという。第1は，グローバリゼーションが新たな社会的ネットワークや社会的活動の創出と，既存のそれらの増殖とを伴っており，そのことによって伝統的な政治的，経済的，文化的，地理的な境界は次第に克服されつつある。第2の特質は社会的な関係，行動，相互依存の拡大と伸張に反映されているということである。第3の特質はグローバリゼーションが社会的な交流と活動の強化と加速を伴うことである。そして第4の特質は，社会的な相互連結と相互依存の創出，拡大，強化は客観的・物質的なレベルにおいてのみ生じているのではなく，グローバリゼーションは人間の意識という主観的な局面を伴っている。グローバリゼーションとは，社会的な相互依存のさらなる顕在化と社会的相互作用の急激な加速を，人々がますます意識しつつあることをさしている（スティーガー2005：12-16）。

このようなグローバル化については，はたして現代的現象なのか，という疑問があるだろう。たしかに先史時代や前近代から人類の移動はおこなわれており，農業技術，宗教，官僚制，文字，車輪，印刷技術の発明と伝播は近代以前からおこなわれてきた。近代には，先進諸国ではブルジョワジーが台頭し，海外貿易への国家関与がみられ，世界貿易量も拡大し，植民地支配もおこなわれ

てきた。金本位制が国際金融システムとして定着し，飛行機などの移動手段や電話などの通信手段も発展した。現代においては，さらに技術革新がおこなわれ，情報革命の帰結として情報通信技術の発展も顕著である。

しかしながら過去との相違点は，限定的な移動から「速く，安く，深い」移動へと変化している点である（コヘイン・ナイ2004：24）。グローバル化は目新しいものではないが，グローバリズムの厚みが増すことでネットワークの密度が高くなり，制度伝播の速度が増し，国家を超えた参加が増えていることも確かなことなのである。

(2) グローバル化の次元と国際秩序

このようなグローバル化は，様々な次元から説明することができる。ここでは経済，政治，文化の3つの次元から説明しておきたい。

第1のグローバル化の次元は経済次元である。現代においては貿易と金融の国際化が特徴である。それは金融取引の自由化，とくに金利の自由化，信用規制の撤廃，政府金融の民営化により促進されている。また，多国籍企業の影響力も拡大している。経済力の大きさは顕著となり，生産拠点の多極化やネットワーク化は資本・人・物の移動を活発化させている。さらに国際経済機関（IMF，世界銀行，WTO）の拡大が経済のグローバル化に拍車をかけている。これら国際機関はグローバル経済のルールを策定実施し，市場の価値と役割を拡大させたのみならず，それを普遍的な価値とすることに貢献している。

第2は政治次元であり，政治的アクターによる相互依存関係の強化と拡大によってグローバル化は進展している。たとえば，国連システムやEUなどの地域共同体が典型的な例であろう。主権国家間の相互依存関係を重視する立場からすると，「国民国家は終焉しつつあるのか」「国家のパワーが低下しているか」という論点が提示されることになる。カント的な国際秩序観がそれである。逆に主権国家間の権力関係から国際秩序が形成されていると考える立場からすると，資本，人，技術などの移動の要因は政治的要因というよりも，経済的要因に基づくものにすぎない。そのため，リカードのいう比較優位説に基づ

く国際的分業がより効率的な経済システムをつくることは、ホッブズ的世界観に基づく主権国家の存在と矛盾しないのである。

　第3の次元は文化次元である。ここでは生活様式にみる画一化と差異化が焦点となる。マクドナルドは世界どこの国でも画一的・均一的な商品とサービスが提供され、物価水準の物差しとされることが多い。またアメリカ化された食物として象徴的な言説としてしばしば語られる。またメディアの役割も言語・文化・慣習の標準化に貢献している。かつてならばローカルな言語・文化・慣習が尊重され、それらを主とした生活様式が営まれていたわけであるが、それら差異に基づく多文化の様式はサービス経済化の下で許容されることができなくなりつつある。

　以上、3つの次元からグローバル化を説明してきたわけであるが、これらグローバル化のイメージは国際秩序観に強く影響されている。たとえばヘドリー・ブルは国際社会が政府ないし統治が存在しない意味で無政府社会＝アナーキカル・ソサイエティであると位置づけ、現実主義的なホッブズ的世界観、理想主義的なカント的世界観、中庸のグロチウス的世界観の3つはどの時代にも存在していることを指摘した。ただし、ブルは国際社会を国内のそれと類推することの限界も了解しており、国際社会での自然状態や国家と個人を国内のそれと同等に扱うことの難しさも指摘している（ブル2000：58-59）。

（3）　グローバル化と主権国家

　前述したように、グローバリゼーション論に対しては批判も多い。グローバル化は国家の管理能力が国際社会の挑戦を受ける現象を強調するが、そのことは現代がはじめてではないという批判である。またグローバル化の影響の大きさを認めるにせよ、グローバル化がすべてにわたって国家の管理能力を侵食しているわけではないと指摘されることもしばしばである。グローバル化に批判的な論者は国家主権が現代においても依然として重要であると主張する。

　たとえばクラズナーは主権概念を4つに区分し、それらがグローバル化の進展した現代においても変化していない実態を示している。第1に相互依存的主

権として，物，資本，アイデア，伝染病などが越境することを含め国境の内部及び国境を越える諸活動を管理する政府能力があげられる。第2は国内主権の存在であり，国内にある政体が権力構造をもっていることの現実が強調される。第3の国内的主権として，国内の権力構造の外的影響力からの事実上の独立・自律性，重要な規範としての「内的不干渉」がある。そして第4として国際法主権において外交特権，条約締結，国際機関加盟の前提という国家の相互承認が認められている（クラズナー2001：53-63）。

しかしながら，現代においては外部不経済の制御が主権国家では不可能な状況も生まれてきている。そこにおいては，国際関係の規範とルールが国内政治行政へ影響しているのである。たとえば，フロン化学物質の制御として1987年モントリオール議定書などの国際協定が締結され，主家国家の環境政策に大きな影響を与えた。児童の労働・福祉，労働者の権利という規範や国際機関による権利保護は，国内の労働行政へ変更を余儀なくさせている。国際機関加盟の条件として，国際的なルールの遵守を求められることも多い。EU加盟のための財政赤字是正やWTO加盟のための市場慣行や関税など参入障壁の是正がその典型例である。

国民国家の経済構造を左右する指標として，企業の設備投資だけでなく消費者の消費行動が重視されるようになってきた。また先進諸国は貿易収益だけでなく，海外投資で収益を得る経済構造へ大きく変化している。国家が制御しなければならない対象は企業から消費者へ，国内の投資家から国外の投資家まで拡大している。主権国家から見て，経済パフォーマンスの制御可能性はますます低下しているとみてよい。

このようなアナーキカルな国際秩序を前提として，集団の集合的活動を導きかつ制御する公式・非公式の手順と制度としてのガバナンス構造をいかに設計するかは重要な課題である。現代は市民，企業，多国籍企業，NGO，地方政府，主権国家，国際機関という多様なアクターの存在を前提としながら，各アクターが国際社会における規範やルールを遵守する構造を考案しなければならない。

ただし，問題はいかにして構築するかである。コスモポリタン民主主義を理論上構想することは可能である。しかし，「グローバル化を誰がどのように制御するのか」「民主主義の説明責任を誰がどのような手続きで確保するのか」「決定の正統性はどこにあるのか」という問題に応答することはきわめて困難である。主権国家のシステムを前提にするにしても，権利の配分を国連総会のように一国一票にするのか，人口比例にするのか，分担金の比率にするのかは，議論の余地あるところであろう。むしろ，国内民主主義の類推を放棄し，多数決投票以外の民主主義のルールを制度設計するアイデアの方が現実的である。主権国家を機軸とした多元的・多層的なデモクラシーの構築として，「ネットワーク化されたミニマリズム」（コヘイン・ナイ2004：62）としての可能性を模索していくべきなのかもしれない。

2. 福祉国家の政治経済学

(1) 福祉国家の発展と再編

福祉国家については，その起源も定義も論者によって多様である。ここでは国民に生存権を保障し，完全雇用をめざし，財政金融政策での景気変動の調整をおこない，政府支出のうち所得保障と社会サービス，（医療保障，介護，障害，住宅，教育など）が過半を占め，それら社会支出と税とで国民に所得や富を再分配する国家を福祉国家とすることにしたい。

福祉国家はその成立の経緯から考えて，貧困者・浮浪者に対する管理，労働者に対する慰撫，全体主義に対する政治的スローガン，戦傷者・戦病者・遺族に対する対策など様々な側面をもつものである。それが国民の幸福を実現し，福祉を向上させる積極的な機能として共通認識されるようになったのは，イギリスにおいてケインズ＝ベヴァリッジ・パラダイムが考案され，そのアイデアが先進諸国へ普及・伝播したことに基づく。ケインズ＝ベヴァリッジ・パラダイムとは，混合経済体制下で経済成長と完全雇用をめざす経済政策であるケインズ主義的な介入政策と，国民生活において最低限の生活保障をするのを政府

の義務としたベヴァリッジ報告をモデルとしたナショナル・ミニマムの達成と維持をめざす社会政策とを結びつけたものである（藤井2002：132）。

　第二次世界大戦後，先進諸国は大きな経済成長を遂げた。その過程で政府は規模も範囲もこれまでにないものとなった。この福祉国家は右派と左派の両方から批判はされたにせよ，福祉国家を社会の一定合意とすることでは先進諸国共通のものであった。福祉国家が「社会民主主義的合意」，「戦後合意」といわれたゆえんがそこにある。東西陣営におけるイデオロギー対立を終焉に招く「イデオロギーの終焉」も語られた（藤井2002：132）。そして，福祉国家の発展が資本主義と社会主義との異なる体制の相違を収斂させると唱える「収斂仮説」も福祉国家の発展の中で論じられた。

　収斂仮説とは，①工業化の過程を通じて機会と結果の社会的不平等は一般的かつ長期的に縮小する，②産業社会において社会成層は構造的で流動性に富んだものになる，③産業社会では社会成層の亀裂は薄められ，社会・政治的動員の基礎としての重要性は失っていく，というものである（ゴールドソープ1987：7-9）。またJ．ラギーによると，「埋め込まれた自由主義」とは国際的自由貿易体制と国内の社会的保護のコンテクストに西欧諸国が「埋め込まれる」状態にあることをさす。これはパックス・ブリタニカ時代の自由放任主義とは大きく異なり，自由貿易体制によって国際経済の開放性を高め，政府が脆弱な国内の社会集団を保護し，これに代償を与える政策をおこなうことを意味していた（Ruggie 1982：393-398）。

　また馬場啓之助は資本主義の逆説的変貌がおこなわれたことを主張している。つまり馬場によると，資本主義の逆説とは近代産業主義の理念に忠実であるゆえに資本主義が変貌しなければならないため，起こるべくして起こったものであり，資本主義は産業社会の流通経済形態に他ならない。資本主義の変貌のあとに残留する姿は，完全雇用政策と社会保障とを備えることによって，社会主義と対立するよりもこれと併存しうるものとなった。資本主義が産業社会の流通経済形態のひとつであるばかりでなく，社会主義も産業社会の別の一形態に他ならないからである（馬場1980：61）。馬場は以下のように福祉社会と産

業社会の相互依存関係を強調している。

「福祉社会は業績主義と連帯主義という二つの社会倫理の相互補完の関係にたって形成された複合社会である。業績主義と連帯主義とは機会の平等と結果の不平等との関係をみれば明らかなように，本来たがいに相反関係にたっている。この相反関係を補完関係に転換させて，二つの社会倫理の間に『相反と補完の二重の関係』をつくりださなくては，複合社会たる福祉社会は成立しない」(馬場1980：73)。

ところが，1973年と1979年に先進諸国は石油危機に見舞われ，インフレーション，景気停滞，失業者の増大という経済危機に直面することになった。いわゆる「福祉国家の危機」である。しかしながら，ケインズ＝ベヴァリッジ・パラダイムに基づく従来の福祉国家体制は必ずしも有効な政策手段を講じることができなかった。各国ともに歳入と歳出の構造的ギャップを克服できなかった。福祉国家のもつ集権システムを分権システムに変えるべきという主張がされ，再分配政策の効率性や有効性に関して批判が相次いだ。このような「福祉国家の危機」への対応は，ミシュラによると2つの戦略で対応されたという(ミシュラー1995：2-3)。

第1の縮小戦略は，新保守主義に基づいてイギリスやアメリカなどアングロサクソン系諸国で採用された。これらの国々では小さい政府を志向する福祉改革が実施され，政府支出の削減，活動規模縮小，規制緩和，民間活力導入，民営化，市場化が実施された。また，選別主義プログラムの拡大，給付の階層と水準の見直し，直接税の税率引下げと間接税の税率引上げ，ボランティアの奨励，NPOへの事業契約，競争入札の導入が改革の手法として採用された。

第2の現状維持戦略は，コーポラティズムに基づいてスウェーデンなど欧州諸国で採用された。福祉国家の本質を維持していくため，労働者，雇用者，政府の三者協議によって政策決定がおこなわれた。賃金引下げと完全雇用，普遍主義的社会サービスの維持，基本的最低生活水準を維持するための貧困プログ

ラムなどがそこで求められた政策内容である。

（2） 福祉国家の普遍性と特殊性

このミシュラの理解は，福祉国家をめぐる「戦後合意」や「歴史的妥協」が「福祉国家の危機」によって終焉したという前提で議論されている。福祉国家は新自由主義的な方向とコーポラティズム的な方向で分化し，「収斂の終焉」が起きているという議論である。収斂の終焉論とは，①生活機会の階級格差は持続している，②労働者階級への他の階級からの下降移動は減ったが，そのことが労働者階級内部での再生産傾向を強め，労働者階級の同質性を高めている，③産業化の発展過程での平等化の傾向は他の形での不平等の拡大を伴っている，という内容のものである（ゴールドソープ1987：9-11）。

はたして収斂の終焉は終わったのか。福祉国家の普遍性と特殊性はどのように説明したらよいのか。各国の福祉国家をどのようにして捉えればよいのか。このような福祉国家の普遍性と特殊性という課題に応えようとしたのが，エスピン・アンデルセンの福祉レジーム論である。彼は福祉国家の類型化をおこなうにあたって，2つの指標を設定した。ひとつは脱商品化指標であり，それは労働者が市場に依存することなく所得と消費をどれだけ確保しているかを意味している。もうひとつは階層化指標である。それは社会保障制度において職域的にどのような格差が生まれているかという社会政策の階層性ないしは連帯性をさす。彼は各国の福祉国家レジームを3つに類型化している（エスピン＝アンデルセン2001：28-31）。

第1は自由主義モデルである。アングロサクソン系諸国であるアメリカ，カナダ，オーストラリアがそれに該当する。そこでは選別主義の社会政策が一般的であり，社会保障給付の受給者を低所得者に限定している。所得調査や資産調査による給付・扶助がおこなわれ，その水準は相対的に低い。普遍主義の所得移転や社会保険は最低限のものに限定される。国家は最低限の保障のみおこなうため，社会保障給付受給者と非受給者との間で階層間の二重構造が生まれる。

第2は保守主義モデルである。これはヨーロッパ大陸諸国のオーストリア，フランス，ドイツ，イタリアが該当する。歴史的な経緯からコーポラティズムの遺制が制度に色濃く反映している。自由主義的な市場へ固執する態度は強くはないが，職業別・地位別に社会保険制度が分立し，制度間で給付の水準・内容に差異が生まれ，職業的な地位の格差が維持されてきた。社会保険制度は未就労の主婦を給付対象に含めず，家族手当を給付する。既存の社会集団である家族機能を補完する「補完性原則」の下で伝統的な家族制度を維持できなくなった場合のみ，公的な家族サービスが提供されることになる。

第3は社会民主主義モデルである。このモデルはスウェーデンなど北欧諸国が該当し，普遍主義的な社会保障を発展させてきた。どの社会階層も単一の普遍的な社会保険制度に編入させる社会保障である。これらの国においては，国家による給付を重視し，家族ニーズを充足するために給付・サービスが提供され，女性の雇用進出を促進・支援する社会サービスを整備する責務を負う。完全雇用の保障に国家が関与し，完全雇用の維持と達成に福祉国家体制の存在が大きく依存している。

このような類型化には批判も多い。3つの類型に当てはまらない国として，イギリスや日本はどこに位置づければよいのか，という疑問は生じる。後にエスピン・アンデルセンは日本をハイブリットとして位置づけるが，類型の中に位置づけにくい国は出てくるだろう。また先進諸国を想定した国際比較であるため，アジアやラテンアメリカなどの国々には適用は難しいかもしれない。エスピン・アンデアルセンの議論は年金と労働を想定したものであったが，そこにおいてジェンダーの視点を欠落させているという批判は，克服しがたい側面を指摘している。エスピン・アンデルセンは福祉国家が再編と調整を繰り返しながら多様な形で発展していることを示しているが，福祉国家の普遍性と多様性を見極めることはきわめて難しい[1]。

(3) 制度の伝播と普及

福祉国家が人類による20世紀の発明であるならば，その発明物は人類を幸福

にするためにモデル国から伝播し，普及していくのが常である。人類を幸福に導く有効な道具として認識されるならば，内発的に政策立案をおこなうよりも模倣をおこなう方が，コストとリスクは少ないからである。後発国はいわゆる後発効果を享受することが可能である。

　さらに，新公共管理（NPM：New Public Management）改革のアイデアは国境を越えて伝播し，イギリスにおけるエージェンシー改革は独立行政法人・国立大学法人改革として，義務的競争入札は市場化テストや指定管理者制度として，国境を越えて普遍的な制度として日本において採用されてきた。たとえば社会サービスの領域でも，日本の医療保険制度がドイツをモデルとし，介護保険制度がドイツ・オランダを模倣し，ケアマネジメントをイギリスに原型を求めている。福祉・教育の分野においては第三者評価システムが導入され，福祉においては措置から契約として大きくパラダイムが変化し，教育においては，アメリカのチャータースクールはコミュニティスクールとして施行されている。

　といって，すべてが模倣というわけではない。田辺国昭は近年の行政改革がイギリスに準拠しながらも，日本の行政システムはイギリスのそれとは大きく異なっている点を強調している[2]。また日本とイギリスの行政改革を比較した内山融によると，イギリスのエージェンシー改革が日本において独立法人改革として結実した理由として，首相権力，行政府と政党の凝集性，拒否権プレイヤーを取りあげ，とくに拒否権プレイヤーの選好が改革過程に強く反映されたことを明らかにしている（内山2005：119-129）。

　前述したように，日本において公的介護保険における契約の導入，指定管理者制度，公益法人改革，市場化テストなどによって福祉の供給システムが大きく変化している。マクロ的に見ると，イギリスのコミュニティケア法，義務的競争入札などイギリスを準拠モデルとして市場や競争を重視した制度設計をおこなったようにも思える。イギリスにおけるコミュニティケア法の制定で多元的な供給が実現したのと同様に，日本の公的介護保険制度の導入で訪問看護，入浴サービス，在宅サービス，デイケアサービス，施設サービスなど各分野で

棲み分けしながらも多元的に供給システムが構築されてきた。これを仕切られた中での競争といってもよい。

ただしミクロ的に見ると，行政機関・外郭団体と民間企業・NPO が同じ条件で競争しているわけではない。指定管理者の指定は福祉の公の施設の管理も該当するが，福祉施設やコミュニティ施設は地方自治体において積極的に公募がおこなわれてはいない。短期的な効率性の追求という価値ではなく長期的な効率性を，効率性という価値だけでなく公共性や有効性という価値も重視しているのである。また住民団体や公共団体が施設運営をおこなう外部効果，たとえばコミュニティ施設を住民団体が担うことによる防犯効果や地域づくりへの影響も考慮されているのである。

このように日本の地方自治システムが制度の導入において多様な制度を設計させる可能性を残していることの意味は大きい。マクロ的な普遍性とミクロ的な多様性の共存は，制度の伝播・普及の過程で地方自治という多様性を許容する制度の中でフィルターにかけられ，制度実施のレベルでは日本版の改革として実施されることになる。

3. ガバナンスと政治過程

（1） 多元主義とその背景

多元主義とは市場の競争のごとく多元的な利益集団が自己の利益を追求して政治活動し，目標を実現させる形態をさす。集団間の相互作用によって合理的な政策が形成されることを暗黙の了解とし，多元的な集団利益を代表する人びとの多元的な価値基準に基づく行動が相互に調節された結果，市場の予定調和のごとく公共の利益に合致した，社会的に合理性のある政策となると想定する。この理論は政治を市場のアナロジーで考え，市場における企業間競争で最適なサービス提供がされるように，政治的アクター間の競争によって最適な政治サービスが提供されるものと仮定する。

しかしながら，政治的アクター間の競争で最適な結果が生まれるとするのは

楽観的である。競争の帰結として，マイノリティの保護が十分ではないのではないかという批判が存在するからである。なによりまして，全体の利益を追求するための白紙委任がおこなわれているとする国民代表の考えからすれば，国民のニーズへあえて応えずに価値の配分をおこなうことこそ政治の本質だと考えることもできるからである。

政治を市場のアナロジーに類推する多元主義には批判も多い。たとえば，ロウィは利益集団自由主義論を展開し，依法的民主主義（法の支配）の必要性を説いた。そこでは多元的民主主義への批判が示されている。彼は『自由主義の終焉』の中で，利益集団自由主義を4つの点から告発している。つまり，①民主的な意思決定を巧妙にねじまげることで民主政治を堕落させたこと，②計画策定ができないため，政府の能力を無力化したこと，③自由主義の統治は正義を達成できないため，政府を退廃させたこと，④民主主義を支える公式な手続きに基づいて活動する能力を弱め，民主政治を堕落させたこと，である（ロウィ1981：409-412）。

現代においては代議制民主主義がその効力を低下させているにせよ，ロウィが指摘したように，民主主義国家における政治の基本は権力分立，法治行政，代議制という憲法構図にある。つまり，複数の権力を相互に抑制均衡の状態におくことにより恣意的権力行使を抑制する「権力分立の制度」であり，行政の諸活動は法律の定めるところにより法律にしたがっておこなわなければならないという「法治行政」であり，定期的に選出する代議員を通じて国民がその権力を行使する「代議制」である。

このような批判を受けた多元主義が最も政治制度として実現している国はアメリカである。その背景にあるのは政治任用のスタッフの多さと流動的な専門職の労働市場である。国会議員の半数以上が法律家・大学院修了者であり，議員の政策スタッフが多く，議会の付属機関に多くの政策分析をおこなうスタッフが雇用されている。大統領府や各省庁で枢要な政策決定に関わる人は政治任用であり，それら政策決定者は大学，政府機関，シンクタンクを自由に移動してキャリアを形成していく。大統領府・議員・中央省庁へロビイングをおこな

うロビイストはその活動を報告し、そのロビイストに自己利益を反映させようとする政治的アクターは企業、労働組合、外国政府、国連にまで及んでいる。

　日本については、猪口孝が「官僚包摂型多元主義」として日本の政策決定の構図を位置づけた（猪口1983：18）。日本最大のシンクタンクは政策決定や人事で自律性の高い専門集団である官僚制であり、それは政策決定や利害調整で大きな役割を果たしてきた。ただし1990年代以降、日本においても官邸主導・内閣主導の政策決定へと変化しつつある。その背景としては、政治構造、つまり自民党の一党支配体制が変化し連立政権の成立による政策決定構造が透明化したこと、経済パフォーマンスの低下で政治の役割が重要となってきたこと、既存の路線を維持・拡大するのではなく変更・変革の価値選択を余儀なくされていること、などが理由としてあげられる。

（2）　コーポラティズムと政策形成

　もともとコーポラティズムとは職能団体や身分などの利害集団を国家のもとに統合する協調的な社会制度ないしはそれを推進しようとする思想・運動であり、代表の単位を「地域」から「職能」へと変更したものであった。その原型はフランスにおける身分制議会制、ドイツやフランスにおける経済議会、イタリアファシズムにおける政党・労働組合を包摂した翼賛的な政治体制に求めることができる。

　これに対して、ネオ・コーポラティズムとは1970年代のオイルショック以降に注目を集めた団体協調主義的な政策決定方式のことであり、政府、労働、経営の三者の協議によって政策決定をおこなう政治制度である。スウェーデンにおいては労使の協議と政府の非公式な関与によって社会的パートナーシップが成立し、オーストリアにおいては労働側代表・経営者代表・利益集団による「物価および賃金問題同権委員会」が形成され、ドイツにおいては労働・経営・利益集団の協議会が設置された。各国共にコーポラティズムの枠組みで危機的状況の克服をめざしたのである。国家コーポラティズムや権威主義コーポラティズムと対比して、ネオ・コーポラティズムが社会コーポラティズムや自

由コーポラティズムといわれるゆえんがここにある。一般的にネオ・コーポラティズムは，「利益媒介のシステム」として考えるものと「政策形成の制度化された一つの型」として理解するものとに分かれるが，ここでは両方の側面をもつものとして議論しておく[3]。

前述したように，1970年代以降のネオ・コーポラティズムは，経営者団体と労働組合が共に決定に参加し，各団体が垂直的に系列化されることに特徴がある。労働団体，経営者団体，政府の間で調整の制度が存在し，各団体は決定機関に組み込まれ，協力しながら影響力を行使することになる。労使の頂上団体の協調関係が国家の承認の下に制度化され，公共政策の形成に参加する政治システムである。ここでは賃金，社会保障，雇用など社会経済政策が協議の対象となり，労働組合は賃上げ要求や戦闘的な行動を自己抑制する代わりに，経営団体や政府は雇用保障，物価安定などを約束する。このような協調主義は安定した経済成長を可能にし，アングロサクソン系諸国の小さな政府を志向する改革とは一線を画すものであった。

ヨーロッパ諸国でこのような対応が発展した歴史的契機として，篠原一は3つをあげている。つまり，第一次世界大戦の総力戦体制が資源の最大動員と政治的安定化をもたらしたこと，ケインズ主義的介入主義の普及や福祉国家の下での政府役割の拡大が不況時の有効需要を創出したこと，1970年代の統治能力の危機として，石油危機以降の賃金，物価，税金をめぐる社会対立がうまれ，国家への協力と集団間の調整によって政治システムの安定をはかることが模索されたこと，である。またその要因としては，多極共存型デモクラシーが成立しており，連立政権への志向，比例原則，少数派の拒否権など民主主義の仕組みが安定していることをあげている。また，政府委員会など団体が占める位置が大きいこと，社会民主党の活動が活発であり，労働組合の社会的地位が高く，社会民主主義的政党の政権獲得可能性を指摘している（篠原1983：319-321）。

このようなコーポラティズムの形態も国によって多様であるし，その導入の解釈も論者によって異なる。キャメロンのように左翼政権の下での穏健な労働

運動により高い雇用水準,高い賃金水準,良好な経済パフォーマンスが得られる国もあることを強調する論者もいれば(キャメロン1987：148-197),カッツェンシュタインのようにヨーロッパ小国の歴史的分析を通じて封建制の特殊性と比例代表制の導入を民主的コーポラティズムの成功要因と考える政治学者もいる(Katzenstein 1985：136-190)。またプシェヴォスキのように,階級間妥協として戦後和解を理解し,民主的資本主義と評する研究者もいる(Przeworski 1985：10-11)。

　コーポラティズムを積極的に評価する立場からすれば,石油危機以降の経済危機を克服する戦略・選択肢として着目し,多元主義の修正,利益集団自由主義の否定ないし修正としての理論的意義を見いだすことも可能である。また,ネオ・コーポラティズムは社会主義ないし社会民主主義の理念を実現した政治形態という賞賛を与えることもできる[4]。しかし,コーポラティズムへの批判としては,正統性の問題を無視することはできない。寡頭的・反民主的な決定メカニズムであることは否定できず,憲法や議会制民主主義と対立する政治解決機構である性格を色濃くもつ(篠原1983：328-334；山口1984：175-179)。

　実際,コーポラティズムの制度的前提は賃金交渉の集権化であったので,市場主義や人事・賃金決定の分権化が先進諸国で一般的に採用されるようになってくると,イギリスのようにその基礎前提は大きく崩壊する。また設備投資,消費,海外投資と経済指標が多様化し,ケインズ主義的な国家介入の有効性が疑問視されるようになると,協調主義だけで有効需要を創出することには限界がある。第二次産業から第三次産業,そしてソフト化経済へ産業構造が変化してくると,経営者団体も労働組合も全国的な規模の凝集性を失うことになりかねない。たしかに1970年代のヨーロッパ諸国においては,集権的な労使関係のもとで政労使が協調主義的な政策協議や利益媒介をおこない,良好な政策パフォーマンスが実現した。しかし,このコーポラティズム仮説は1980年代後半において妥当性を失いつつある(下平1994：416)。コーポラティズムは一定の国では一時期成果をあげたけれども,新しい社会変化への対応としては万能ではなかったと評価すべきであろうか。

（3） 日本のガバナンス構造

　アメリカを典型とする多元的な政治構造下では，企画立案や利害調整で政治主導が実現しており，議会・議員が政策決定において大きな役割を果たしている。議員の政策スタッフも議員1人に数十人の数が確保されており，法案作成機能の制度的条件が他国に比べて整備されている。議会の付属調査機関としても，会計検査院（GAO），議会図書館，議会予算局（CBO）など数千人のスタッフが存在している。また，伝統的に大統領府や各省庁においても，大学教員や研究機関研究者の政治任用が多い。枢要な政策決定に関わるスタッフは大統領府・各省庁での政治任用となっており，政策専門家の労働市場は大学，政府機関，シンクタンクの3つの間で流動的かつ多元的となっている。前述したように，大統領府・議員・中央省庁へのロビイングをおこなうロビイストが公式に認められているところに可視的な政治構造がある。

　これに対してヨーロッパ大陸諸国はコーポラティズムの政治構造をとることが多く，中央省庁の役割は政治的アクター間の調整役と法案作成における技術的役割に限定されている。政党・労働組合・中立系の諸シンクタンクにおける政策立案・利害調整の役割は他国に比べて大きく，しかも公式的である。利害団体と中央省庁との協調体制が存在し，行政機関に対しては人事統制・企画立案・利害調整での政党が大きな役割を果たしてきた。ドイツでは学校長の任命まで党派の影響があるのが典型的な例であろう。

　日本は官僚優位の政治構造を従来から成立させてきた。日本最大のシンクタンクは官僚制組織であり，政策決定や人事で自律性の高い専門集団である。官僚制は利害調整で大きな役割を果たし，官庁の「原課」は業界団体との日常的なコミュニケーションをつうじて維持してきた調整機能や審議会での合意形成機能の基礎集団である。

　官庁主導の政策決定が伝統的に成立してきた背景には，後発的なキャッチアップ型の目標設定が戦後日本において設定され，モデルとしての欧米諸国が存在していたため，独自の目標設定の必要性はなかったことがあげられる。たとえば，是か非かの大きな価値判断を迫られることは，社会保障政策ではほと

んどなかったといってよい。また政治構造としては，自民党の一党支配体制は続き，平均2年に満たない短命な内閣であったため，政治の行政機関に対する統制は十分ではなかった。

しかしながら，官庁と政権党の共存共栄システムは1990年代から官邸・内閣主導へ変化する兆候が見られる。その背景として，経済パフォーマンスの低下で政治の役割が重要となってきたこと，既存の路線を維持・拡大するのではなく変更・変革の価値選択を余儀なくされていること，連立政権の成立による政策決定構造の透明化，などがあげられる。

構造改革による市場化が1990年代の特徴であるとしばしば指摘される。それは政策の基準を市場の競争に委ねることを意味し，価値の配分を政治の本質だと考えれば，市場化は積極的なコミットメントの放棄を意味する。しかしながら市場化という軸と共に政治化という軸が登場したことも指摘しておかなければならない。それは一方において強いリーダーシップを求めるポピュリズムとして，他方において審議を尽くすことを重視する熟議民主主義の普及として，新たな政治の基準が求められている。コンセンサス会議，パブリック・インボルブメントなど一般市民による討論の重視がそれであるが，その熟議民主主義の背景には科学的合理性から社会的合理性へ，専門家と一般市民の連結という社会的ニーズが存在する。

おわりに

福祉国家の危機への対応として縮小戦略と維持戦略をとりあげ，多元主義とコーポラティズムの政治形態について説明してきた。政治を多様な社会意思の合意形成と考え，ガバナンスをその統御システムであると考えるならば，民主主義と公共政策との関係をガバナンスの観点からどのように考えるかは古くて新しい問題である。

明治時代の日本において，フランス急進主義とドイツ漸進主義との政治対立が生じていた。一方で自由民権運動に拠ったフランス急進主義は人民の意思を

体現しようと努め，他方で近代化を推し進めようとした政府はドイツ漸進主義を採用し，明治憲法を制定した。ただし，伊藤博文の憲法運用は柔軟であったし，吉野作造の民本主義論においても西洋流のデモクラシーと日本の天皇制との調和・バランスがみてとれる（吉野1975：55）。現代においても，世界銀行やIMFによる東欧諸国の改革において，市場のメカニズムや民主主義の価値は重視され，アフリカへのODAの条件として政治制度の民主化・分権化があげられることも少なくない。

　一般的に経済発展と政治の成熟性について，近代化に遅れた国は権威主義的・集権的な政治体制を採用し，高い政策パフォーマンスを達成しようと志向した。発展途上国での例が典型的であるが，それは必ずしも実証されているわけではない。たとえば，アマルティア・センは非民主主義の国の方が経済発展を遂げるという仮説を必ずしも実証されていないと非難し，かつてインドの例を挙げながら政治の失敗による飢饉を克服する民主主義の価値を強調している。民主主義の本質，手段，構成に優れた長所を見いだしている（セン2000：275；セン2002：117-134）[5]。

　民主主義は最適な結果を生み出す制度ではないが，先進諸国は民主主義の制度設計を多様な形でおこなっている。ではなぜ民主主義の政治制度で公共政策の決定をおこなう必要があるのか。

　その理由として第1にリスクの分散という問題がある。権力の恣意的行使を回避し，最悪の結果を防ぐ効果が期待される。理由の第2はプロセスの重要性が求められることである。結果が最適なものであることだけでなく，それと同じ価値が手続き合理性にも求められる。近代の市民社会において，審議，説得，納得による歩み寄りに社会の調和が求められているのである。ここで，理性ある市民は本当に存在するのか，という問いに答えるのは難しい。しかし有限な人間と社会への寛容さから社会の秩序を構想することこそ，重層的なガバナンスの前提であるべきであろう。

1) この点については，宮本（1997）に詳しい。
2) 政策評価制度について，イギリスと日本は対照的である。田辺（2006）によると，財務・組織・人事などの管理が分散的なイギリスに対して，日本はそれらが集中的な管理がおこなわれているという。
3) コーポラティズム一般については，阪野（1986），恒川（1986），シュミッター・レームブルッフ編（1984；1986），山口（1989）を参照されたい。
4) コーポラティズムを積極的に評価する論者については，井戸（2004）によって精力的に紹介されている。
5) センが第三世界における民主主義のあり方を重視する理由は，ベンガル大飢饉が政府の政策の失敗に帰する，という問題関心から出発しているためである。

第2章　政府間関係の再編

はじめに

　日本における政府体系の改革はまだ改革途中であり，現時点でその改革の内容と方向を完全に明示することはできないかもしれない。ただし，分権改革については大まかな方向が明らかとなっており，その意味でその成果は突出した傾向であるように思われる。この大きな成果が，義務にも似た気持ちで新しい社会構想と制度設計をおこなった地方分権推進委員会のメンバーによる貴重な営みに依存していることは，誰もが認めるところであろう。

　本章の目的は，地方分権一括法をめぐる政治過程，地方分権推進委員会の勧告，改正地方自治法を概説することである。地方自治法の改正については既にいくつもの概説書が書かれており，しかも地方分権推進委員会のメンバーによる当事者しか知り得ない貴重な報告も著されている。その意味で，分権改革は本論文で概説するにはあまりにも対象が膨大であり過ぎ，著者が情報の面でインサイダーとしての価値をもっているわけではない。本章は，地方分権一括法が制定される政治過程を忠実に再現し，そして地方自治法の改正で何が変わり，何が変わらなかったのかを明らかにすることに目的を限定する[1]。

　今回の分権改革が，従来の統制・依存の政府間関係を打ち破ろうとし，機関委任事務の廃止に象徴される成果につながったことに関しては，正しく内容を吟味し，その改革内容を精確に報告しなければならない。そのため，第1に地方分権推進員会の勧告や地方自治法の改正点について概説する必要がある。限られた頁数で膨大な改正点を説明することは困難な作業であるが，できるだけ要領よく概説しようと思う[2]。第2に，分権改革における政治過程の局面で政

治家，中央省庁の各担当部局，総務省や財務省など総括官庁，地方六団体，学識経験者などが様々な役割を果たしてきた。それは政治過程における貴重な分析素材ともいえるのである。その側面を新たな視点で再構成してみたい[3]。

1. 改革の課題

（1） 分権改革の課題設定

地方分権改革の課題が浮上した起点は，政治改革の流れと第2次臨時調査会以降の行政改革の流れが合流した地点に求められる。地方分権改革に関する課題設定の過程で重要なのは，国会決議と第3次行革審の最終答申である（西尾1998：2-12；西尾2001a：4-7）。

リクルート事件を契機にして，1989年に自民党は政治改革大綱をまとめ，政治改革大綱の一項目として地方分権の確立を掲げた。そして1992年5月に細川護煕が日本新党の結党宣言を出し，その中で中央集権国家システムとその中核にある中央官僚制に根ざした構造障壁を打破すべきことを主張した。それに刺激を受けて社会党も，同年12月に「影の内閣」の自治委員長であった五十嵐広三が「自立する地方－地方分権推進法とプログラムの試み」をまとめ，地方分権推進法の原型である機関委任事務廃止，国と地方の役割分担の適正化，分権推進委員会の設置を提唱した。そして公明党は地方分権基本法の制定を提言し，民社党は地方分権推進法の制定を提唱した。当時の自民党は政調会の地方行政部会で政治改革大綱の地方分権条項の検討がおこなわれており，自民党と社会党の間で政策協調が進み，超党派で国会決議をするに至った。1993年6月の衆議院と参議院での「地方分権の推進に関する決議」がそれである。

ただし，当時の諸団体の提言は必ずしも同一ではなく，「混声合唱」の状態であった。たとえば，経済界は受け皿論の主張を捨てていなかった。経団連は1993年4月に出された「東京一極集中の是正に関する経団連見解」で道州制を主張していたし，経済同友会は1992年10月の「地方活性化への提言」の中で，市町村合併によって一定規模の市に再編することを提言していた。これに対し

て地方団体では，全国知事会が1993年7月に出された府県懇談会報告では現状維持を主張し，指定都市グループは1991年5月に「明日の都市を考える懇談会」として「市民のくらしからみた明日の大都市」を出し，道府県制の再編を誘発する可能性を指摘していた（辻山1994：1-15）。

このような1990年代初頭における様々な見解の中，第2の流れをつくったのは1993年10月の第3次行革審における最終答申であった。この答申は規制緩和と地方分権を改革の2本柱として掲げ，4つの新しい特色をもっていたという（西尾1998：5-7；2001a：8-11）。

第1は，大綱方針の策定の後に地方分権推進に関する基本法の制定をめざすという手順が明確にされた点である。これは，国会に基本法の制定を求めた第3次行革審の地方分権関係プロジェクトチームの答申案と，内閣に大綱方針の策定を求めた審議会事務局との妥協の産物であった。

第2は，道州制など広域的な自治体制度への変革を棚上げし，現行の二層制による地方自治制度を前提に権限移管をおこなうことを明記した。いわゆる「受け皿論」を前提としない現実的な改革を志向したのである。この受け皿論の棚上げという現実的対応が分権改革を推進させる大きな要因となった。

第3は国の権能を制限列挙する発想が見られた点である。この国の権能を制限列挙しようとする着想は地方分権推進委員会でも継続して議論され，国の役割をまず中央省庁が証明するという立証責任として考える志向性が模索された（西尾1999d：30-31）。

第4は機関委任事務の縮小・合理化が最終答申で方針として盛り込まれたが，審議会における議論の経過で機関委任事務の全廃が提言されようとし，審議会の委員と事務局との間で異例の確執が生じたというのである。

(2) 大綱方針の策定と地方分権推進法の制定

さて，連立内閣の下，細川護熙首相が1994年度内に「地方分権の推進に関する大綱方針」を策定する公約し，その後，大綱方針の策定に向けて，地方六団体，第24次地方制度調査会，内閣行政改革推進本部地方分権部会の3機関がそ

れぞれ提言をおこなうべく作業をおこなった。

　まず，いち早く反応したのが地方六団体である。1994年12月に地方自治確立対策会議の下に地方団体代表者と学識経験者で構成される地方分権推進委員会が組織され，自治体からの改革意見をとりまとめる形で作業が進められた。そして1994年9月に「地方分権の推進に関する意見書」が，地方自治法の改正で地方六団体に付与された意見具申権を行使する形で，国会と内閣に対して提出された。

　そして，第24次地方制度調査会が羽田孜内閣の下で発足し，1994年4月に羽田首相が第24次地方制度調査会に対して大綱方針の在り方について諮問した。地方六団体の意見書を参考にする形で，1994年11月に「地方分権の推進に関する答申」が提出された。

　さらに，内閣の行政改革推進本部に地方分権部会が設置された。その部会は8名の閣僚と8名の有識者によって構成され，内閣行政改革推進本部地方分権部会本部専門員の意見・要旨が1994年11月にまとめられた。その意見・要旨は実質的に地方制度調査会の答申内容を要約したものであった。

　これら大綱方針のあり方について意見集約がおこなわれた3つの機関の提言において共通していたのは，第3次行革審の最終答申を継承していた点である。そして地方分権推進計画の策定と地方分権推進の監視をおこなう第三者機関，つまり地方分権推進委員会の設置を提言していた。

　ただし，各機関の提言には違いもあった。たとえば，地方六団体の意見書は権限委譲，関与の縮小，補助金の整理統合についての議論は詳細なものではなく，それに対して第24次地方制度調査会の答申はそれらの方策を提示することに重点がおかれたものであった。しかも，地方分権推進委員会の位置づけについて，地方六団体の意見書は第三条機関の行政委員会として常設し，地方自治体に対する国の措置に対して広く建議・裁定・監視する役割を期待していたのに対し，第24次地方制度調査会の答申は分権推進法を時限立法とし，地方分権推進委員会の役割を地方分権推進計画の作成・実施に関する勧告と監視に限定していた。結果として後者の意見が大綱に採用されたのである。さらに，地方

表2-1 地方分権改革の経緯

分 権 改 革	行 政 改 革
93. 6 衆参両院「地方分権の推進」決議 　　12 地方6団体，地方分権推進委員会を設置 94. 5 第24次地方制度調査会 　　　　内閣行政改革本部，地方分権部会を設置 　　12 村山内閣「地方分権推進大綱」閣議決定 95. 7 **地方分権推進法施行，地方分権推進委員会発足** 　　10 くらしづくり部会，地域づくり部会発足 　　　・「基本的考え方」「留意事項」 　　　・「検討試案」 96. 3 **地方分権推進委員会「中間報告」** 　　 4 ・行政関係検討グループ発足 　　 5 ・補助金・税財源検討グループ発足 　　12 **地方分権推進委員会「第一次勧告」** 　　　・機関委任事務の廃止と廃止に伴う従前の機関委任事務の取扱い 　　　・国・地方公共団体の関係ルール 　　　・個別行政分野での権限委譲等 97. 7 **地方分権推進委員会「第2次勧告」** 　　　・機関委任事務の廃止と廃止に伴う従前の機関委任事務の取扱い 　　　・国・地方公共団体の関係ルール 　　　・必置規制・地方出先機関 　　　・国庫補助負担金・税財源 　　　・都道府県と市町村の新しい関係 　　　・地方行政体制 　　 9 **地方分権推進委員会「第3次勧告」** 　　　・地方事務官 　　　・「日米地位協定の実施に伴う土地等の使用等に関する特別措置法」に基づく土地等の使用又は収容に関する事務等の事務区分 　　10 **地方分権推進委員会「第4次勧告」** 　　　・機関委任事務の廃止と廃止に伴う従前の機関委任事務の取扱い 　　　・国の関与の基準と従前の団体委任事務の取扱い 　　　・国と地方公共団体との館の係争処理の仕組み 　　　・市町村の規模等に応じた権限委譲 98. 5 第1次地方分権推進計画閣議決定	94. 2 内閣行政改革本部「行革大綱」決定 96.11 橋本内閣，行政改革会議設置 97. 1 財政構造改革会議「推進方策」 　　12 行政改革会議「最終報告」 　　　財政構造改革推進特別措置法施行 98. 6 中央省庁等改革基本法施行
───── 98. 7　第18回参議院選挙，小渕内閣発足 ─────
11 **地方分権推進委員会「第5次勧告」** 99. 3 第2次地方分権推進計画閣議決定 　　 7 地方分権推進一括法成立 00. 4 地方分権推進一括法施行 00. 8 地方分権推進委員会「意見」 00.11 地方分権推進委員会「市町村合併についての意見」 01. 6 地方分権推進委員会「最終報告」	12 財政構造改革推進特別措置法停止 99. 7 中央省庁等改革関連17法成立 01. 1 中央省庁等改革関連17法施行予定 01. 6 経済財政諮問会議「基本方針」

出典：森田（2000），p.9を一部補筆している。

六団体の答申には条例の無効宣言訴訟を含む地方自治体と国との裁判的調整が盛り込まれていたのに対し，第24次地方制度調査会答申の記述は今後の検討課題とされるにとどまった（西尾1998：8-10；2001a：14-17）。

　大綱方針と地方分権推進法の制定は，村山富市内閣の下，内閣官房内政審議室，総務庁，自治省の協力でおこなわれた。1995年1月の閣議で村山首相が総務庁に自治省の協力を得ながら立案作業をおこなうよう指示し，2月に内閣提出法案を内閣で閣議決定し，国会へ上程された。その法案は衆議院と参議院の全会一致で可決され，5月に公布された。

　その大綱方針は大幅に簡素化され，国から都道府県への分権の優先は削除され，機関委任事務に関しては検討するという表現にとどまった。また，地方分権推進委員会は八条機関とされ，諮問機関として地方分権推進計画に基づく指針の勧告，監視，意見提出をおこなうことを任務とすることとなった。その意味で第24次地方制度調査会の意向が強く反映されていたともいえる（西尾2001a：19-20）。

（3）　地方分権推進委員会の役割

　地方分権推進委員会は地方分権推進法に基づいて1995年7月に設置され，5年間の時限立法であったが，1年間延長されて2001年6月末まで活動した。委員会には具体的な交渉作業と執筆作業をおこなうため，地域づくり部会とくらしづくり部会，そして行政関係検討グループ，補助金・税財源検討グループ，地方行政体制検討グループが置かれた。

　その間に，1996年6月に中間報告，1996年12月に第1次勧告，1997年7月に第2次勧告，1997年9月に第3次勧告，1997年10月に第4次勧告，1998年11月に5次勧告が提出された。4次勧告が出された後，1998年5月に第1次地方分権推進計画が閣議決定され，5次勧告に関しては1999年3月に地方分権推進計画が閣議決定され，1999年7月に地方分権一括法が成立した。勧告の後は，計画とその実行を監視するという役割を地方分権推進委員会が担った。そして，2000年8月に意見，2000年11月に市町村合併の推進についての意見，2001年6

月に最終報告が出された。

　地方分権推進委員会は事務局主導型ではなく，学者中心の委員会主導型の意思形成がおこなわれた。これが成果を上げた理由の第1である。事務局主導が制約された制度要因は，事務局の構成が各省からの混成部隊で，出身省庁に対して権益を奪う勧告案の作成はできるはずもなく，統一的な意思形成がはじめから困難であったためである。総務庁・自治省・大蔵省の制度官庁からの出向者を中核にして，農水省・建設省，運輸省・厚生省・労働省・地方自治体，経済界，自治労からの出向者を加えた構成であった。事務局長は総務庁の審議官級，事務局次長は自治省の審議官級，3人の審議官は総務庁・自治省・大蔵省から課長級が出向できていた（西尾1998：14-15）。

　成功の要因は第2に戦略と方式にある。まず改革の遡上となる対象について優先順位を設定したことである。戦略として，機関委任事務制度や国の関与の改革を優先し，必置規制や国庫補助負担金の改革を後回しにした（西尾1998：21）。コンセンサスの得られやすい問題から着手し，地方六団体の足並みが乱れる争点については議論を先送りにした。これは地方分権推進委員会の直接的な応援勢力として，自治省と地方六団体が存在していたことと無関係ではない。機関委任事務の廃止は中央省庁にとって大きな問題であるが，政治家にとっては既得権益を直接的に阻害される論点ではない。しかも，国から地方自治体への権限委譲ではなく，関与の縮小・廃止にはじめの議論の焦点を絞った。権限委譲の問題を議論すると，地方六団体の足下が乱れ，権限の受け皿を議論せざるを得なくなるからである。受け皿論を棚上げしたことが戦略的に成功だった。

　さらに，グループ・ヒアリング方式の採用が第1次〜第4次勧告まで有効に機能した。グループ・ヒアリング方式とは，地方分権推進委員会と各省庁局長級との間でおこなわれた密度の濃い膝詰め交渉のことである。政府は地方分権推進委員会の勧告を実施しなければならない立場であるから，各省庁に対する勧告は，事前に各省庁との交渉に時間をかけ，できるだけ実現可能な勧告をおこなうべきという考えがあったという（西尾1998：22）。

このグループ・ヒアリング方式の功罪は,それぞれ以下の2点にまとめられている。功の第1は,従前の機関委任事務のすべてについて今後の取り扱い方法を確定し,機関委任事務の全面廃止を確実にしたこと,また団体（委任）事務に伴う関与まで含めて国の関与の縮減を徹底させたことである。第2は,各省庁との事前ヒアリングを経ていたので,これによって勧告の実行可能性を高めたことである。罪の第1は,分権委員会の時間とエネルギーの大半を機関委任事務制度の全面廃止のために消費することになり,その他の改革への取り組みが相対的に希薄とならざるを得なかった。第2は勧告案の作成が少数の交渉担当者に委ねられ,委員会審議の公開が損なわれたことに求められている（西尾1998：24）。

成功の第3要因は,地方分権推進法の規定で地方分権推進委員会が「具体的な指針」を勧告することとなっており,内閣総理大臣もこの「勧告の尊重義務」があったことである（西尾1999b：6-8）。具体的な指針のためには各省と細かい解釈の「詰め」をおこなわなければならず,たとえば法定受託事務のメルクマールをめぐり一つひとつの事務を検討しなければならなかった。また総理大臣は勧告を尊重する義務を負ったということは逆にいえば,実現可能な勧告をしなければならないことを意味した。細かい合意事項の確認に膨大なエネルギーをかけることとなった。

成功の要因は第4に,時間的制約とタイミングである。地方分権推進委員会の設置法である地方分権推進法は5年間の時限立法であったため,村山総理から前半の2年半で勧告と推進計画の立案,後半の2年半を推進計画と実施にあてたいため,勧告は1年半で出してほしい旨を要望されていたという（西尾1999b：6）。第4次勧告まで機関委任事務の廃止に関する作業に大幅なエネルギーを費やすことになったので,実際はこのタイムスケジュールどおりにはならなかったが,この規定の時間的制約が各省との交渉と妥協に影響したものと思われる。

さらに,村山首相と五十嵐官房長官の下で分権推進委員会の人選がおこなわれたこと,改革へ強い熱意をもっていた橋本総理大臣の下で第4次までの勧告

がおこなわれ，橋本首相が改革へ強いリーダーシップを発揮したことは，無視できないであろう。また地方分権推進委員会のメンバー，特にくらしづくり部会，地域づくり部会，行政検討グループの学識経験者メンバーの努力は，賞賛すべき営みであったと思われる。

2. 課題の成果

(1) 機関委任事務の廃止と新たな事務区分

地方分権推進委員会が提出した『中間報告』は，地方分権推進の背景・理由として，中央集権型行政システムの制度疲労，変動する国際社会への対応，東京一極集中の是正，個性豊かな地域社会の形成，高齢社会・少子化社会への対応，の5つをあげている。そして，地域住民の自己決定権を拡充すること，つまり住民主導の共同参画と男女協働の民主主義を実現することが基礎にあり，「国から地方へ」という地方分権と「官から民へ」という規制緩和とが，日本の中央集権型行政システムを変革する車の両輪とされている。

この地域住民の自己決定権を拡充するために，中央政府と地方政府との関係を，1) 上下主従関係から対等関係に転換すること，2) 国と地方の新しい調整ルールと手続きを構築すること，3) 法治主義に基づく公正・透明なものとし，行政統制から立法統制・司法統制へ統制方式を変えること，が主たる哲学とされる[4]。

この『中間報告』を原型として各勧告をへて，地方自治法改正となったのであるが，この分権改革の中で最も大きな変更事項は機関委任事務の廃止であろう。かつて，機関委任事務は戦後府県が完全自治体となり，知事が官選から民選へ変化したことに伴い，従来市町村との関係で用いられてきた機関委任事務という手法を県レベルへも「とりあえず」採用することになった。いわば例外的な措置であったが，高度成長に伴いその数は増大し，1996年地方自治法別表に掲げる機関委任事務の数は561（県379/市町村182）にも上っていた。これは都道府県の許認可の8割，市町村の許認可の3～4割を占めているといわれて

いた。

　機関委任事務は主務大臣から権限を委任されるという手法をとるが，団体事務と異なり，主務大臣の指揮監督，職務執行の勧告・命令，職務執行命令訴訟，主務大臣等による代行という権限が中央省庁の大臣に残されている。地方議会の関与も，説明請求や意見陳情はできるが，検閲・検査や監査請求は政令で定める事務に関して限定的であり，条例制定などの議決や調査・出頭・証言等の請求はできない。つまり，中央政府と地方政府が上級庁と下級庁との指揮命令関係となり，内部組織の規律関係が貫徹していたのである。『中間報告』は，このような行政官庁理論が支配していた関係を見直し，中央政府と地方政府の間にも「法律による行政の原理」を適用し，対等の関係として行政手続きの法的ルールを妥当させることとした。

　機関委任事務が廃止された後，自治事務，法定受託事務，国が直接執行の対象とするもの，廃止された事務の4つになる。社会的・経済的意義がなくなったものは廃止となるが，それ以外の事務は原則として自治事務に移行する。このうち自治事務は，法律に定めのない事務と法律の定めのある事務の2つにわかれる。団体（委任）事務も廃止され，存続が必要なものは自治事務の範疇にはいる。

　自治事務とは，地域における事務のうち法定受託事務を除いたものをいう。それも法律に定めのある自治事務と法律の定めがない自治事務の2つにわかれる。法律に定めのある自治事務は，実施が義務づけられている自治事務と実施が任意な自治事務とがある。さらに任意である自治事務では，法律で執行方法が規定される場合もある。

　法定受託事務とは，国の利害に関係のある事務であり，国民の利便性または事務処理における効率性の観点から，法律の規定により地方自治体が受託しておこなう事務である。国勢調査など指定統計，旅券の交付，外国人登録，国政選挙などが該当する例であり，財源は国庫負担となる。「法律又はこれに基づく政令により都道府県，市町村又は特別区が処理することとされる事務のうち，国が果たすべき役割に係るものであって，国においてその適正な処理を特

に確保する必要があるものとして法律又はこれに基づく政令に特に定めるもの」を第1号法定受託事務とし，「法律又はこれに基づく政令により都道府県，市町村又は特別区が処理することとされる事務のうち，都道府県が果たすべき役割に係るものであって，都道府県においてその適正な処理を特に確保する必要があるものとして法律又はこれに基づく政令に特に定めるもの」を第2号法定受託事務とした。自治事務はもちろんのこと，この法定受託事務に関しても，地域における自治体の事務であるので，ともに自治体の条例制定権が及ぶことになる。

表2－2　法定受託事務のメルクマール

(1) 国家の統治の基本に密接な関連を有する事務
(2) 根本的部分を国が直接執行している事務で以下に掲げるもの
①国が設置した公物の管理及び国立公園の管理並びに国定公園内における指定等に関する事務
国立公園内における軽微な行為許可等に関する事務
国立公園内における特別地域・特別保護地区等の指定等に関する事務
②広域にわたり重要な役割を果たす治山・治水及び天然資源の適正管理に関する事務
③環境保全のために国が設定した環境の基準及び規制の基準を補完する事務
環境基準の類型当てはめ（水質・交通騒音）に関する事務
総量規制基準の設定に関する事務
大気汚染，水質汚濁，土壌汚染，交通騒音の状況の監視に関する事務
④信用秩序に重大な影響を及ぼす金融機関等の監督等に関する事務
⑤医薬品等の青銅の規制に関する事務
⑥麻薬等の取締りに関する事務
(3) 全国単一の制度又は全国一律の基準により行う給付金の支給等に関する事務で以下に掲げるもの
①生存にかかわるナショナル・ミニマムを確保するため，全国一律に公平・平等に行う給付金の支給等に関する事務
②全国単一の制度として，国が拠出を求め運営する保健及び給付金の支給等に関する事務
③国が行う国家補償給付等に関する事務
(4) 広域にわたり国民に健康被害が生じること等を防止するために行う伝染病のまん延防止や医薬品等の流通の取締りに関する事務
①法定の伝染病のまん延防止に関する事務

②公衆衛生上，重大な影響を及ぼすおそれのある医薬品等の全国的な流通の取締りに関する事務
　　　　医薬品等の取締りに関する事務
　　　　食品等の取締りに関する事務
　　　　農薬等の取締りに関する事務
(5)　精神障害者等に対する本人の同意によらない入院措置に関する事務
(6)　国が行う災害救助に関する事務
(7)　国が直接執行する事務の前提となる手続の一部のみを地方公共団体が処理することとされている事務で，当該事務のみでは行政目的を達成し得ないもの
(8)　国際協定等との関連に加え，制度全体にわたる見直しが近く予定されている事務

（「地方分権推進計画」による）

　このような機関委任事務の廃止に伴う自治事務と法定受託事務への振り分けのほかに，国の直接執行となった事務もあった。駐留軍の従業員の労務管理，駐留軍用地に係る引渡調書への署名押印を土地所有者等が拒否したときの代執行など，国立公園の管理事務，国設鳥獣保護区における鳥獣等の捕獲許可，信用協同組合の指導監督，社会保険に関する事務，職業安定及び雇用保険に関する事務，市町村における国民年金事務がそれである。労働ないし社会保険の領域でみられた地方事務官制度は廃止された。

　各省庁と地方分権推進委員会の交渉で争点となったのは，法定受託事務と自治事務の境界線である。地方分権推進委員会は法定受託事務を限定しようとつとめた。各省庁はともに「共通事務」という概念を提示してきたが，この概念自体は地方分権推進委員会によって排除された。ただし，分権推進委員会との交渉の中で，法定受託事務の範囲は拡大し，従来の機関委任事務における45％が法定受託事務となった。

　たとえば行政検討グループの試案では生活保護の給付事務や土地利用計画の策定が自治事務とされ，一般国道・一級河川など国の公物管理や生活保護監査事務が自治事務と法定受託事務のボーダーラインとされていた。各省との激しい交渉の結果，後者は法定受託事務となったのである。また，駐留軍用地特別措置法に基づく土地等の使用・収用に関する事務については，それが沖縄など

米軍基地をめぐる政治問題となっていたため、大きな争点となった。結局この問題は国の直接執行事務とし、収用委員会がおこなう収用裁決等についてのみ都道府県の法定受託事務とされた。

このような妥協と譲歩の結果、法定受託事務概念の変遷については、漸変的に変化することになった。それは国と自治体の役割・責務・義務を改めて問い直すことになった。法定受託事務のメルクマールへ追加されたものとしては、環境保全のために国が設定した環境の基準及び規制の基準を補完する事務、公衆衛生上、重大な影響を及ぼすおそれのある医薬品、食品、農薬等の取り締まりに関する事務があった。第1次勧告以降に、農水省や厚生省と交渉した地方分権推進委員会がメルクマールを追加した（山口2000：46）。

この法定受託事務に関しては、勧告の後に法案作業の中で内閣法制局が2つの変更を迫った。ひとつは第1次勧告と第2次勧告で「国の義務に属し国の行政機関が（都道府県の義務に属し都道府県の行政機関が）直接執行すべきではあるが」と表現していた点を法律上の定義にならないので新しい定義にすることを指示したという。改正地方自治法では「国（都道府県）が本来果たすべき役割に係るものであって、国（都道府県）において処理するその適正な処理を特に確保する必要があるもの」という表現に書き換えられている。もうひとつは「受託」という言葉を法律用語として用いることが難しいという意見であった。大蔵省や厚生省は地方分権推進委員会の表現を支持したが、政府原案について地方部年推進委員会も了承し、受託という言葉が法律上なくなり、名称上は法定受託事務と呼ぶこととなった（西尾1999d：188-190）。

（2）　国の関与と係争処理ルール

国は都道府県や市町村では担えない事務を担当し、その意味で自治体の補完的役割を担うこととなる。自治体は地域の自主的かつ総合的な役割を担い、そして国の配慮事項として、自治体の自主性・自律性が十分発揮されるように制度の策定・施策の実施をおこなわなければならない。

ここで法律に定めのある事務について、中央政府がどのような役割を果たす

のか，という問題があるだろう。従来は地方自治法第150条と151条に基づいて包括的な指揮監督権を有するものと中央省庁は解釈していた。このような従来の行政統制を排し，事前の立法統制と事後的な司法統制に変えることが地方分権推進委員会の基本方針であった。事前の立法統制とは，国会の制定した法律や内閣の制定した政令に基づいて，中央政府が地方自治体に関与することを意味する。また，事後的な司法統制とは，中央省庁と地方政府とが，法令の解釈をめぐって意見が異なったり，対立したりした場合に，裁判所などがその判定をめぐり最終決定をすることを意味する。

そこで，国ないし都道府県の関与を見直し，可能なものは廃止・縮小し，それ以外のものについても類型化がされた。自治事務に関しては「助言又は勧告」，「資料の提出の要求」，「協議」，「是正の要求」の類型に従い関与し，法定受託事務に関しては「助言又は勧告」，「資料の提出の要求」，「協議」，「同意」，「許可，認可又は承認」，「指示」，「代執行」の類型に従うことが定められた。

関与の原則として，法律主義の原則，一般法主義の原則・関与の原則，公正・透明の原則の3つが採用された。第1の法律主義の原則とは，国ないし都道府県の関与は法律又はこれに基づく政令の根拠を要する，というものである。第2に，一般法主義の原則・関与の基本原則とは，地方自治法に関与の一般ルールを定めるものであり，関与が目的を達するための必要最小限のものでなければならず，地方自治体の自主性・自律性に配慮しなければならない，というものである。第3として公正・透明の原則とは，関与に関する手続きについて，書面の交付，許可，認可などの審査基準や標準処理機関の設定，公表などを定めたものである。

この関与の手続きについては，行政手続法を模範として，第1に助言・勧告・資料提出要求，是正の要求，協議の方式，許認可など取消しの方式，並行権限を行使する場合の方式について，書面の交付を原則とすることが定められた。第2に，許認可やその取り消しの判断基準を定めて公表することを国や都道府県に義務づけ，不利益な取扱いを禁止した。第3に，誠実な協議や合意達成の努力を国や都道府県に義務づけ，許認可の標準処理時間を設定し，公表し

なければならなくなった。そして申請へは遅滞なく対応し，国や都道府県の機関に届出がされた時点から手続上の義務が履行されたものとされた。

また，国と地方の間で紛争・対立が生じた場合，違法性と合目的性の両面にわたり，中立かつ客観的に，簡易・迅速・公正・透明を旨として判断できる「第三者機関」を設置することを一般法で定めることとした。国地方係争処理委員会と自治紛争処理委員がそれである。

国地方係争処理委員会は八条機関として総務省に設置された。委員会の委員は衆議院と参議院の同意を得て総務大臣が5人の委員を任命する。任期は3年である。改正地方自治法第250条によると，審査の対象は，認可，承認，命令，取り消し，監査，立ち入り検査などの「地方公共団体に対する国の関与のうち是正の要求，許可の拒否その他の処分その他公権力の行使にあたるもの」，「不作為」，「協議」とされている。国の関与に関して地方自治体が高等裁判所に訴えを提起するには，その前に国地方係争処理委員会の審査を経なければならない。いわゆる審査申出前置主義である。

また，都道府県と市町村の係争処理の仕組みとしては，従来の調停や審理の制度に加えて，市町村は都道府県の関与に関して不服がある場合の審査申立について，審査・勧告をおこなうことができることとなった。自治紛争処理委員は総務大臣又は都道府県知事が任命し，3人の非常勤で構成される付属機関とされる。審査対象は国地方係争処理の場合と同様である。自治紛争処理委員が都道府県へ勧告・通知をした後に，都道府県がその勧告に即して必要な処理をしたことへ不服がある場合，市町村は高等裁判所へ訴えを提起することができる。

中間報告から第4次勧告がでるまでに，各省との交渉で様々な議論が存在した。これら第三者機関に関して大きな論点となったのは，審査申出前置主義と機関訴訟についての議論である。三条機関でなく八条機関として総務省に設置され，しかも係争処理委員会の審査が先におこなわれることについては，できるだけ行政部内の係争は行政部内で迅速な解決を図る趣旨であるとされている。これについては一部の行政法学者の中から，機関訴訟でなく初めから抗告

訴訟であるべきだという議論も存在していた。

　まず法務省は，行政内部で処理し解決をはかるべきものと考えるが，第三者機関前置主義ならば容認する，という見解を述べた。さらに総務庁・厚生省・建設省・農水省は，内閣法等の分担管理原則からみて第三者機関そのものに反対していた。結局，有識者ヒアリングの後，地方分権推進委員会の第4次勧告では，第三者機関は裁定機関でなく勧告機関とされ，条例・規則違法審査も対象から外された（島田2000：252-261）。

　また，地方分権推進委員会の中間報告では地方自治体が係争処理委員会へ審査を申し立てるだけでなく，国も同様な申立てをおこなうことを想定していた。しかし，地方分権推進委員会が第4次勧告へ向けて交渉をおこなっていた中，内閣法制局がこれについて国が訴える必要性を認めなかった。それは，国の出した指示が合法であることを確認するために係争処理委員会の審査や裁判所の審理を煩わせる必要はなく，訴えなければそれで合法と推定できるので無駄である，という理由からだった。さらに，厚生省など他省庁は国の指示の公定力をもたせ，合法性を推定するようにしたいという考えだったという（西尾1999ｄ：190-193）。

　結局，これらの論点は地方分権推進委員会が政府の修正案に妥協した形となった。

（3）　必置規制の見直し

　必置規制の大幅な見直しは，各政策分野の専門職集団にとって，大きな衝撃を与えた出来事であった。必置規制とは，国が地方自治体の行政機関，施設，資格・職名を有する職員，付属機関を設置しなければならないと義務づけているものであり，その義務づけは法令に基づくものと基づかないものとが存在する。福祉事務所，保健所，児童相談所，保健所長，食品衛生監視員，各種の審議会や審査会が具体的な例である。

　この必置規制は，自治体レベルの執行体制を整備するために，機関や職員を中央省庁が法令や通知・通達で義務づけてきたわけであるが，この中央政府に

よる強固な統制が，ナショナル・ミニマムを維持するうえで，大きな役割を果たしてきたのは否定できない。しかしながら，国が機関や人員の必置を義務づけているがゆえに，地域の特性に応じて機関を統合したり，役割を終えた付属機関を廃止したりすることができないのである。つまり一定のサービス水準を達成した社会において，自己決定権拡大の阻害要因となっている。

地方分権推進委員会は第2次勧告の中で，見直しの視点として4つの視点をあげている。第1は自主組織権である。地方自治体は自らの組織を編成する権能は，地方自治とりわけ団体自治の趣旨から由来する基本的な権能である。その意味で必置規制は必要最低限に限られるべきであり，憲法第92条の趣旨からも，法律・政令に基づいて制限しなければならない。第2は機関委任事務の廃止である。必置規制に関する機関・施設・職員・資格名称は，機関委任事務の処理に関するものが多かったので，機関委任事務の廃止後は地方自治体の組織・職員として自主組織権に基づいて配置・設置されることが原則となる。第3は行政の総合化である。必置規制は一方で技術水準の維持や専門性の確保を目的としてきたが，他方で行政の縦割りや細分化という弊害も生んだ。行政サービスの柔軟性と総合性を損なわないように，その設置・配置は必要最低限のものにとどめ，弾力的なものとするよう指摘されている。第4は定員管理（行政の効率化）である。組織設置や職員配置の側面で行政改革の観点からも廃止や緩和が求められている。

この必置規制は，大幅に廃止・縮減・弾力化の措置がとられた。第1は職員に関する規制である。麻薬取締員・環境衛生指導員・森林害虫防除員・漁業監督吏員・医療監視員が「〜員を置く」から「〜員を命じる」という規定に変更され，職務上の名称に関する規制が存置された。なお，防疫員は廃止された。家畜防疫員・食品衛生監視員・薬事監視員・栄養指導員については，資格を有する職員から「〜員を命じる」という規定へ変更され，これも職務上の名称・資格に関する規制が存置した。職員の資格に関する義務づけとしては，医療監視員・麻薬取締員・漁業監督吏員，計量に関する事務に従事する職員はその義務づけが廃止された。環境衛生指導員は資格と学歴に関して弾力化がはかられ

た。専任規定としては，公立図書館長の司書資格規定が廃止され，福祉事務所の指導監督所員・現業所員の専任規定も緩和された。職員の定数に関する規制は，警察と学校教育を除き廃止され，福祉事務所の現業員配置数は標準が示されるに止まった。体育指導委員・婦人相談員・母子相談員については，委嘱民間人の職名に係る規制が存置し，青年学級主事・青年学級講師・知的障害者福祉司・身体障害者福祉司・児童福祉司・農地主事・公営住宅監理員・改良住宅監理員は廃止された。

　第2には行政機関・組織・施設の必置規制についてである。まず組織・名称に関する義務づけとしては，「〜相談所を置く」から「〜に関する相談所を置く」という規定に変わり，児童相談所・知的障害者更正相談所・身体障害者更正相談所が弾力的な名称使用や設置形態が可能となった。病害防虫防除所については，その機能を維持しつつ組織を複合化することが可能な旨が通達で出された。保健所に関しては，福祉事務所との統合が可能であり，条例により統合組織の一部を法律上の保健所とすることが可能となった。その場合，保健所の名称を表記する義務もなくなった。

　しかしながら，保健所の医師資格規制については，変化することはなかった。さらに配置基準の義務づけに関しては，福祉事務所の法律による基準設定が廃止され，標準の提示に止まった。行政機関の設置単位について一律の規制は廃止され，技術的助言としての標準の提示ができるにすぎなくなった。

　第3として審議会等付属機関に関する必置規制に関してである。都道府県自然環境保全審議会・スポーツ振興審議会・都道府県職業能力開発審議会・国土利用計画地方審議会など名称に関する弾力化がはかられ，「〜審議会を置く」から「〜に関する審議会を置くものとする」という規定へ変更された。なお，住民の権利義務に密接に関わる事項の審査・審議をおこなう審議会や斡旋・調停・仲裁などの準司法的機能を担う審議会は，適正な行政手続きを保障するために必要と考えられ，存置された。そのほか，総量削減計画策定審議会，新産業都市建設促進協議会，公民館運営審議会，第三種漁港に係る漁港管理会，都道府県・市町村水防協議会は廃止された。

3. 成果の継続

（1） 補助負担金・税財源の見直し

　補助負担金と税財源の見直しについて具体的な勧告がされたのは，2001年6月の最終報告まで待たなければならなかった。それは大蔵省（財務省）が税財源の地方への移転に強く反対し，しかも各省庁と政治家，総務省，自治体などの各アクターがそれぞれ利害をめぐって複雑に対立し，すぐれて政治的な争点となったからにほかならない。

　地方分権推進委員会の第2次勧告によれば，国庫補助負担金の整理合理化，存続する国庫補助負担金の運用・関与の改革，地方税・地方交付税等の地方一般財源の充実確保が課題とされていた。国庫補助負担金は，国と自治体の責任の所在を不明確にし，自治体の知恵や相違を生かした行財政運営を阻害し，細部にわたる補助条件や煩雑な公布手続きが行政の簡素化・効率化や資金の効率的運用を妨げているというのである。画一的な補助基準が示され，縦割り・薄まき・超過負担・少額補助の補助金が存在している。補助金による必置規制の弊害や，煩雑・過重な手続きが必要となったり，採択・交付の遅れや年度途中の変更が自治体の事務を阻害してきた。補助施設の転用や有効活用は認められなかったのである。

　このような弊害に対して，地方分権推進委員会は第2次勧告で国庫補助負担金の整理合理化をはかることを提示した。つまり，①自治体事務として定着しているものは原則として一般財源化をはかり，②必置規制を見直し，③少額補助負担金は廃止ないし一般財源化し，④国庫補助負担金は原則としてサンセット方式を導入して5年の終期を設け，国庫負担金は毎年の予算編成で見直し，10年ごとに基本的見直しをおこなうことが提示された。このように，第2次勧告では概説的な指摘にとどまったが，地方分権推進委員会が各省と激しい交渉をして，各省の傍観と地方分権推進委員会の抵抗・妥協が繰り返された結果，第5次勧告ではより踏み込んだ勧告内容となった。

まず整理合理化にあたって，国庫負担金と国庫補助金の区分がおこなわれた。つまり国庫負担金については国が義務的に負担すべき分野や広域的効果をもつ根幹的事業に限定し，国庫補助金については国策に伴う国家補償的性格を有するものを除き原則として廃止・縮減をはかることが提示された。国と自治体において国庫補助負担金の制度運用をめぐる新たなルールが確立された。

また，公共事業に関する国の補助事業に関して，統合補助金が新たに創設された。それは長期計画対応型統合補助金と政策目的実現型統合補助金にわかれる。前者は国が策定する長期計画に対応して自治体が策定した事業計画に載った事業に対して，国が箇所付けをせず，自治体が事業箇所や内容を決定できるように国庫補助金の運用を改善するものである。具体的には，二級河川，公営住宅，公共下水道，都市公園，港湾施設，農業農村整備事業，漁業漁村整備事業がそれに該当する。後者は一定の政策目的を実現するための複数の事業を一体的・主体的に実施できるような類型の補助金を創設することである。具体的には，まちづくりや住宅宅地関連公共施設の整備促進事業がそれに該当する。

最終的に，1998年の地方分権推進計画では国庫補助負担金の整理合理化が101件，運用・関与の改革が39件，制度・運用のあり方の改革が52件の計192件が改革の対象となった。ただし，それは国庫補助負担金の1割に満たない数である。国庫補助負担金の改革は未完なものであり，大多数の国庫補助負担金は改革されなかった。各省庁の抵抗は機関委任事務廃止の時以上に強かったし，各省庁に動員されたと思われる政治家からの強い反対が奨励的補助金の改革に大きく立ちふさがった。第5次勧告に関しては，それまでの勧告に比べて改革内容への批判は少なくない。補助金改革に関しては，業界・各事業官庁・政治家の政策共同体の大きな壁にぶつかり，地方分権推進委員会の改革努力が及ばず，各省が対案を出さないという膠着状態が続く異常事態であった[5]。

地方分権推進委員会が三省に対して「公共事業の見直しのポイント」を最終案として提示したところ，建設省が「基本的考え方」を提示してきた。地方分権推進委員会が「直轄事業及び直轄公の一層の縮減をはかる」という表現と統合補助金について「『国が箇所付けをしない』ことを基本とする」という表現

を加えることを固執したが，内政審議室長の調整で地方分権推進委員会が押し切る形となったという。第4次勧告までは地方分権推進委員会が出した原案について交渉する形式であったが，第5次勧告では攻守が逆転した形で決着したのである。建設省案に地方分権推進委員会がどこまで盛り込めるか，という交渉形式に変化したことになる（大森2000a：21-22）。そのような交渉方式の実質的変容は，地方分権推進委員会における能力の限界というよりも，争点が優れて大きな政治課題であったが故に，各事業官庁と政党が改革に強く抵抗し，官邸の政治的支持も調達できなかったからにほかならない。

また，税財源の改革については，財務省が国税の自治体への委譲に積極的でなかったし，税制調査会や財政構造改革会議との調整を必要とした。橋本総理大臣も税財源委譲について慎重な議論を求めた。地方分権推進委員会としては，このような他審議会との調整をおこなうことに制度的な制約があったし，政治的リーダーシップも欠如していたため，最終報告まで具体案の提示が先延ばしとなったのである（大杉2001：326-328）。

ただし，地方分権推進委員会第2次勧告に基づいた第1次地方分権推進計画において，課税自主権の尊重がはかられた。法定外普通税の許可制度を国との同意に基づく事前協議制度に変え，その協議対象から税源及び財政需要の有無を外した。また，法定外目的税を創設し，標準税率を採用しない場合の国への事前届出等を廃止した。そして，個人市町村民税の制限税率を廃止した。

2001年6月に提出された最終報告では，実質的に先延ばしとなっていた財源問題についての具体的な提示がおこなわれた。国から地方に移す財源として所得税をあげ，国民の税負担を上げないために住民税率を上げた分，国の所得税率を下げるべきだとしている。国の税収減は補助金や交付税交付金を減額し，国と地方の実質歳入が変わらないように，歳入中立原則を掲げている。消費税に関しては5％のうち1％が地方消費税にあてられているが，4％の国税分のうち約3割を占める地方交付税交付金の充当分を初めから地方消費税へ組み入れ，5％の消費税を変えずに地方の一般財源を増やすことを提言している。自主課税の努力が自治体に必要であり，削減すべきは国庫補助負担金であるとす

る。地方交付税交付金の役割は依然として重要とし，その総量縮小や配分基準の簡素化の議論が国の関与の廃止・縮小と一体として検討していく必要があると指摘する（朝日新聞2001年6月14日夕刊；6月15日朝刊）。おおむね総務省や自治体の考え方にそった勧告といえるであろう。

これに対して財務省は，所得税は国の基幹的税制であることを理由にして所得税率の引下げに反対し，国から地方の税財源移転についても補助金の財源は国債であることを強調している。そして地方自治体は課税自主権を活用すべきであると述べ，地方税上の標準課税より高い超過課税を実施すべきであると主張している。また，塩川財務大臣が「地方交付税交付金を1兆円減額してもらいたい」と発言し，地方交付税の削減方針を示した（朝日新聞2001年5月29日朝刊）。

さらに経済財政諮問会議での議論は，財務省の見解以上にラディカルである。6月末に提出する「骨太の方針」の作業段階で5月18日に提出した「論点整理」では，「『ナショナル・ミニマム』の達成や『国土の均衡ある発展』の名の下に画一的な行政サービスを確保する時代は終わったと考える」という考えが提示され，自治体間競争を強調している。地方交付税交付金の制度見直しは，その配分で大きな役割を担ってきた総務省（旧自治省）の役割を根本的に否定するものであり，交付を受けている自治体にとっても交付税改革は批判の対象である[6]。また経済財政諮問会議では，財務省の見解と同様に，地方税法上の標準税率に上乗せする超過課税や地方自治体独自の法定外課税の導入を検討するよう促している（朝日新聞2001年6月5日朝刊；6月8日朝刊；6月9日夕刊；6月12日朝刊）。

（2） 市町村合併と広域連合

市町村合併に関しては，地方分権推進委員会では第2次勧告の中で「地方公共団体の行政体制の整備・確立」として市町村合併と広域行政の推進が指摘されていた。そこでは都道府県による市町村合併のパターンの提示，情報提供，助言，調整，国による必要な指針の策定が提言され，住民発議権制度の強化と

住民投票制度の導入が主張されている。住民発議権の拡充とは，合併協議会の設置を求める住民発議がおこなわれた場合には，住民発議に関わる議会の議案審議に際して請求代表者の意見陳述を認めるものである。また住民投票制度の導入とは，住民発議がおこなわれても合併協議会設置に至らないことが多いため，住民の意向が反映されるように議会の住民発議否決の場合に合併協議会の設置を求める住民投票制度の導入を検討するというものである。

　その後，2000年11月に「市町村合併の推進についての意見」が出され，市町村合併の必要性，効果，推進方策が唱えられている。しかしながら，市町村合併や広域行政については，自治省が主導する形で市町村合併特例法の制定や中核市・広域連合の制度が設計され，市町村合併への推進が積極的にはかられてきた。2000年10月の第26次地方制度調査会答申と市町村合併研究会報告書が重要なものであろう。

　地方分権推進一括法の制定により，「自主的な市町村の合併を推進するため」の行財政措置を講ずる市町村合併特例法が1999年に改正され，中核市の指定要件緩和と特例市の新設が地方自治法改正で実施された。また，1999年8月に自治省は都道府県に対して『市町村の合併の推進についての指針』を通知し，「市町村の合併の推進についての要綱」（いわゆる合併要綱）の作成を要請した。そして47全都道府県においてリレー・シンポジウムが開催され，市町村合併の大規模なキャンペーンがおこなわれた。その結果，2001年4月にはすべての都道府県において合併要綱が策定されている。自治省（総務省）の指示のもとに各都道府県が作成した合併要綱によって市町村合併が完全に実施されることはないと考えられるが，これらの要綱に基づいて市町村が合併をおこなったと仮定するならば，合併後の市町村数が最も多くなる場合で現在の3分の1，最も少なくなる場合で5分の1になる計算となる（田島2001：18-37）。

　市町村合併後の特例措置として，2005年3月までの期限である合併特例法によると，第1に議会の議員定数が2倍まで定員増が認められ，議員在任に関しても2年までの期間在任の特例が認められている。また議員の退職年金に特例として，合併によって退職年金の在職期間の要件を満たさなくなる可能性があ

る者に対しても，当該要件を満たすことが認められた。第2に，旧市町村単位ごとの地域審議会の設置が認められている。旧市町村ごとに住民の声が新市町村へ反映されるように，設けられた措置である。第3として，財源上の特例措置が認められている。地方交付税に関して，合併がおこなわれた日に属する年度とこれに続く10年度について，合併前の合算額を下らないように算定し，その後5年度については段階的に増加額を縮減する特例措置である。地方債に関しては，合併がおこなわれた日に属する年度とこれに続く10年度に限り地方債を充当でき，元利償還金の一部を基準財政需要額に参入することが認められている特例措置である。

　このようなムチとしての合併推進要綱とアメとしての特例措置を設けても，市町村合併はあまり進展していない。1999年4月篠山市の新設（篠山町，西紀町，丹南町，今田町の合併），2001年1月 新潟市へ黒埼町の編入，同年1月西東京市の新設（田無市と保谷市の合併），同年4月潮来市へ潮来町と牛堀町の編入，同年5月さいたま市の新設（浦和市，大宮市，与野市の合併）に止まっている。住民発議制度については，2001年6月現在までに91の発議がなされ，協議会の設置が24件，手続き中の件数が3件，協議会設置にいたらなかった件数が64件に及んでいる[7]。多くの住民発議が地方議会において否決されて合併案が葬り去られているため，住民主導の制度として疑問視されている（牛山2000：146）。

　そこで第151回国会に提案された合併特例法の改正案では，住民投票の制度が導入される予定となっている。その法案によると，合併協議会の設置を求める住民の50分の1以上の署名が提出されたならば，市町村長は協議会の設置案を議会に提案し，議会がそれを可決すれば協議会の設置が確定する。設置案をもし議会が否決した場合には，市町村長が住民投票実施について判断し，必要と認めれば住民投票が実施され，不要と判断した場合には実施されない。ただし，さらに住民が6分の1以上の署名によって住民投票を請求した場合には，住民投票を実施しなければならない。そして住民投票の結果，過半数の賛成があれば，合併協議会が設置されることになる。

　たしかに，市町村合併のメリットとしては，一般的に規模の経済性が発揮で

きるということが考えられる。合併による人員再配置と機関統合によって生まれた余剰人員で，あらたな政策課題，たとえば政策法務関係の業務を担当することができるかもしれない。公共サービスも多様化して介護や廃棄物処理のように広域的対応を求められている政策領域もある。地方財政危機は深刻であり，国からできるだけ自立した財政基盤をもつためには，市町村合併を模索することも選択肢のひとつであろう（小西2000；森田2001）。

しかしながら，デメリットも少なくない。過疎地では面積が膨大なものとなる可能性があるし，効率化がはかれるまでに長い年月が必要であろう。総務省や都道府県から推進されることが自治の本質に反するという批判もあるかもしれない（田島2000a，曽我2000b，森田2001）。

総務省は市町村合併の第1ステップとして広域連合・中核市・特例市を考えてきたし，現在もそれらは都道府県からの権限委譲の受け皿として機能する可能性ももっている。しかしながら総務省の意図とは別に，自治体には合併を回避したいがための広域連合の選択もあり，総務省としては「本末転倒」の制度選択である。自治体はしたたかにも第三の選択をしていたことになる（田島2000a；2000b）。

(3) 都道府県と市町村の関係

今回の分権改革における意義のひとつは，従来国の下部機関的な役割を果たしてきた都道府県を完全自治体へ変革し，都道府県と市町村の関係を見直すことにあった。そこで，都道府県の役割をもう一度検討することが必要となる。都道府県と市町村の関係についてふれておく必要があろう[8]。

従来地方自治法第2条第6項において，都道府県は「市町村を包括する広域の地方公共団体」として，広域事務，統一事務，連絡調整事務，補完事務の4つを処理することを期待されていた。しかしながら今回の分権改革では市町村優先が徹底しており，第2次勧告では統一事務と連絡調整事務は必要最小限のものとする方向で見直すことが明記された。改正地方自治法においては，機関委任事務の廃止に伴い都道府県の統一事務が廃止され，広域事務，連絡調整事

務,補完事務の3類型に変更された。磯崎初仁はこのような類型に基づきながら,府県の機能として以下の3つに純化して強化すべきであると主張する(磯崎2000：38-48)。

第1は広域的機能である。河川・海岸管理,広域交通問題,大気汚染防止という外部性を強くもつ政策領域に関しては都道府県の一体的な対応が必要と考え,住宅供給や地域振興では市町村がおこなう事業の整合性をはかる必要性がある。産業廃棄物や水資源管理では地域間の合理的な資源配分が考慮されるべきであり,高度医療サービスや大規模な地域開発のように集中的な資本投資が必要とされる場合も費用調達の面で都道府県の役割が大きいと指摘する。

第2は先導・補完的機能である。基礎自治体が果たし得ない機能に限り補完としての役割が必要であり,この機能はできるだけ縮小することが望ましい。また,新しい政策課題や施策事業への取組みを先導し,その先導に関しても助言と支援に限定される。

第3は支援・媒介的機能である。財政・情報・人材に関しての支援と媒介の機能については,市町村と国との媒介機能と市町村間の媒介機能の2つが重要である。コミュニケーション経路の結節点にあたるので,それは非権力的方法で実施されるべきとされる

そして市町村への関与についても,統制条例が廃止されたのであるから,その関与ルールに基づいたものでなければならない。都道府県と市町村の関係においても,国地方関係と同様に関与のルールが規定として設けられ,関与の法定主義,一般法主義,公正・透明の原則に基づく見直しがおこなわれた。

とくに教育の領域においては,関与の縮減がはかられた。たとえば,教育長の任命に関して文部大臣ないし都道府県知事の承認が必要であったが,これが都道府県の教育長は都道府県教育委員会の委員の中から都道府県教育委員会が任命することになった。また,市町村の教育長も市町村教育委員会の委員の中から市長村教育委員会が任命することに変更された。さらに,市町村学校の学級編成に関する基準は都道府県教育委員会の認可を受けなければならなかったが,この認可は自治事務として「同意を要する協議」に改められた。都道府県

教育委員会と市町村教育委員会は対等な立場で学級編成に関して協議をおこなうことができるようになったのである。また、組織編成に関する基準は都道府県教育委員会が規則で設定していたが、この規定は廃止され、市町村教育委員会が地域の実情に応じて組織編成をおこなうことできるように変更された。

都道府県から市町村への権限委譲が『勧告』へ盛り込まれたのは、第2次勧告以降のことであった。それは第1次勧告の提出直後に、地方分権推進委員会のメンバーが自民党行政改革推進本部へ呼ばれて、市町村合併の推進、市町村への権限委譲、首長の多選禁止という主張が噴出したからだという（西尾 1998：27）。また、第2次勧告の前に橋本総理大臣より都道府県から市町村への権限委譲を進めるよう地方分権推進委員会委員長に指示があり、マスコミもこの意向を指示したため、委員会は都市規模別に権限委譲の要請をとりまとめたが、地方自治体や地方六団体が権限委譲に積極的でなかったという（大杉 2001：316）。

一般的に市町村への権限委譲は以下の3通りでおこなわれる。第1に中核市・特例市の指定をうけた自治体に地方自治法第252条の22、252条の26の3に定められた事務を一括して委譲できる。第2に「条例による事務処理の特例」制度が創設されたので、特例として事務委譲をおこなうときには市町村と協議することが義務づけられた。第3に、地方自治法第252条の14に基づき、市町村同意に基づく規約を定めて事務委託による委託も可能である。

おわりに

分権改革は初期の課題設定の段階では細川・羽田・村山政権において政治改革と連動しており、そして中後期の策定・実施段階では橋本内閣において中央省庁改革と連動することになった。地方分権推進委員会の勧告の内容とスケジュールは、内閣の行政改革本部、行政改革会議、財政構造改革会議、地方制度調査会の議論から間接的に影響されている。第3次行革審は地方分権推進委員会の関与の廃止などの促進要因として、地方制度調査会や市町村合併研究会

は市町村合併の促進要因としてはたらいた。そして税制調査会，財政構造会議，行政改革会議は税財源・補助負担金改革において実質的にブレーキとなった。

このように制度要因はある時は促進として作用し，ある時には抑制として機能した。そして，大きな改革の流れは時代という「トキ」と無関係ではなく，関係した「ヒト」の能力やパーソナリティは具体的な改革内容に直接影響している。枠組みは歴史の必然であったが，内容は偶然の所産でもあった。

本章の論述を終わるにあたって，最後に政治過程の制度要因について5点にまとめて要約しておきたい。地方自治改革の政治過程では，様々なアクターが推進要因であり阻害要因であった。そこには各アクターの利害関係が構図として浮かび上がってくる。

第1に各省庁は一般的に地方分権の阻害要因であった。ただし，機関委任事務の廃止よりも，奨励補助金の廃止においてその反対の程度は強くなったことは興味深い。厚生労働省が法定自治事務である介護保険で頻繁に通達を出していることを考えれば，補助金の削減の方がよりダメージが強く，事務の廃止や縮小は各官庁から融通無碍なものとして考えられているのかもしれない。

第2に政治家の介入である。これは市町村合併や法人格の国から都道府県への移管では推進要因として，公共事業では阻害要因として働いた。前者の場合は都道府県知事の権限が拡大することへの危惧であり，これは政治家としての敏感なセンスを示している。逆に公共事業で阻害要因となったことは，その箇所付けなどで政治家が大いに影響力を発揮してきたからに他ならず，そこに事業官庁や専門職集団との強固な政策共同体が見てとれる。

第3に総括管理官庁としての財務省（大蔵省）である。税財源の移管では一貫として阻害要因であり，補助金の削減では必ずしも阻害要因とはいえなかった。また，内閣内政審議室は各省庁と地方分権推進委員会との交渉が困難となった場合に，調整役としての重要な役割を担った。

第4に総括管理官庁としての総務省（自治省）と地方自治体・地方六団体である。基本的に推進要因であったが，地方交付税交付金に関してはその存在理

由と既得権益を打破されることになるので，阻害要因である。また，市町村への権限委譲についても，阻害要因であった。地方分権推進委員会は地方三団体の意見を聴取し，ついで関係省庁のこれに対する見解を聴取するという手順を取り，地方自治体の改革要望事項を極力実現する方向で努力することが基本方針となっていた。それは「集権融合型システムを徐々に分権融合型システムへ移行させること，集権的分散システムを徐々に分権的分散システムへ移行させること」（西尾2000：107）が目的であったので，すでに先進諸国の中でも膨大な事務量を処理している自治体へこれ以上権限を移管することを勧告するよりも，当初は関与の縮小に焦点が絞られていた。

第5に内閣法制局の法令審査である。法律上の用語問題とはいえ，法改正の段階で内閣法制局の影響は大きかったと言わざるを得ない。国地方係争処理委員会という司法的制度設計でも，その見解は無視できないほど大きかった。また，国の役割を限定する規定についても，それは憲法事項であり地方自治法に規定することに問題がある，という意見を内閣法制局が出し，「国の配慮事項」という規定を盛り込むことになった（鈴木2000：62-63）。

今回の分権改革は第1歩のステップである。その改革が実行されているかどうかを監視し，第2のステップでの分権改革に備えなければならない。そして次なる改革は住民自治と民主主義の問題であろう。市町村合併が進展するならば，自治体の能力は高まるが，住民からの距離はますます遠くなり，参加民主主義の議論は避けられない。さらに，議会改革，第三者評価システム，住民投票の制度などについての具体的な制度設計は，今後の私たちの重要な実践課題である。

1) 改正地方自治法の概説書としては，地方自治制度研究会編（1999），松本（2000），小早川・小幡編（2000），室井・兼子編（2001）がある。また，大森・神野編著（1998）も地方分権に関する概説として簡便である。また，成田（1997）や西尾（1999ｄ）のように地方分権推進委員会委員の執筆した審議や交渉の経過についての論文は多数あるが，審議会委員の責任について学者としての責任としてではなく個人の責任として責任構造について論評した興味深いものとして，西尾（1999

c ）がある。
2) 地方分権推進委員会の勧告内容については，地方分権推進委員会事務局編（1997 a ; 1997 b ; 1997 c ），内閣府ホームページ http://www.cao.go.jp/ を参照している。会議議事録については，『地方分権推進委員会資料集』を参照した。また，本稿と同じ問題関心から執筆・編集されたものとして，北村亘（2000），村松・水口編（2001）がある。
3) 政策の課題設定や形成に対して新聞紙を代表とするマスコミは重要なアクターであるが，ここではマスコミの論評について論じていない。第5次勧告までの地方分権推進委員会勧告に対する全国新聞紙を中心としたマスコミによる批判的系譜については，大杉（2000）で詳しくサーベイされ，分析されているので，参照されたい。
4) 地方分権推進委員会の中間報告と福祉領域への影響については，武智（2001）がある。
5) 各省と膠着状態が続いたため，地方分権推進委員会の行政検討グループ座長であった西尾勝教授は，行政検討グループが各省から交渉相手とされなかったことの責任をとって，座長を辞任している。
6) 地方交付税交付金が削減されれば，住民を獲得するために自治体間競争が起きることが予想されている。自治体間競争については，武智（1996 a）や日本経済新聞社・日経産業消費研究所編（2001）を参照のこと。
7) 自治体合併の推進状況や合併協議会の設置状況について詳しくは，総務省ホームページ http://www.soumu.go.jp/index.htm を参照した。
8) ここでは条例制定権に関する法律問題ついて詳しく論述しなかった。この問題については，磯崎（1998），北村喜宣（2000）が参考になる。

第3章　ミニマム論再考

はじめに

　2004年度は地方分権改革において変化の年であった。それは三位一体改革の中で国庫補助負担金の削減が政治的アジェンダとして浮上し，地方自治が政治過程化して，より可視的なものになったからである。また，行政サービスの需要水準について議論が活発化し，その言説はナショナル・ミニマム，シビル・ミニマム，ミニマム・アクセス，ローカル・オプティマムという言葉でしばしば語られることになった。国庫補助負担金改革は教育，福祉，公共事業という政策分野についてとくに議論となったのであるが，それらに共通して問われた問題は，国と地方の役割分担であり，ミニマムの意味であった。

　本章の目的は，福祉の政策領域に対象を限定しながらミニマムの意味を再検討することである。三位一体改革，とくに交付税改革や税財政改革についてはミニマムを考える際に重要な論点であるが，枚数の制約のため，ここでは交付税改革や税財政改革を議論の直接的な対象にはしない。本章でミニマムとは構成員共通の最低生活水準を意味する。第1に福祉国家とナショナル・ミニマムの関係について概観し，問題点を指摘する。第2にミニマムの構成要素について，ニーズ，効率，自由という基準について検討する。第3にミニマムを決定する手続きと過程について考察する。そして第4に自治とデモクラシーの関係について議論し，自治体の役割が多様性を確保する政治メカニズムにあることを積極的に評価したいと思う。

1. 福祉国家とナショナル・ミニマム

(1) ナショナル・ミニマムの意味

　まず,ナショナル・ミニマムの意味とその背景について論じることにしたい。

　ナショナル・ミニマムはウェッブ夫妻によって唱えられ,その後,ベヴァリッジ報告の最低生活費保障原則として採用され,それがナショナル・ミニマム論として各国に普及した。そのため,国民に最低限の生活を権利保障する国の積極的な役割がナショナル・ミニマムに期待されている。

　当時の福祉国家論には,労働者階級の窮状が中産階級の良心を突き動かした帰結として福祉国家の成立を考える「社会的良心」説の思想が背景にあった (武川2000:31)。いわゆる道義論といわれるものであるが,それは同時に二者間の関係においてパターナリズム(後見主義)を許容する考えを成立させてしまう。たとえば,中産階級の労働者階級への介入,国の地方への介入,専門家の素人市民への介入がそれである。このことは,パターナリズムが福祉国家の本質的な課題であることを示している。

　ただし注目すべきは,ベヴァリッジ報告の中で展開されている3つの指導原則のうち,第三の原則として国家が介入しすぎてはいけないことも指摘していることである。ベヴァリッジ報告の中では次のように説明されている。

　「社会保障は国と個人の協力によって達成されるべきものであるということである。国は,サービスと拠出のための保障をあたえるべきである。国は,保障を組織化するにあたっては,行動意欲や機会や責任感を抑圧してはならない。またナショナル・ミニマムをきめるにあたっては,国は,各個人が彼自身および彼の家族のためにその最低限以上の備えをしようとして,自発的に行動する余地を残し,さらにこれを奨励すべきである」(ベヴァリッジ1969:6)。

ベヴァリッジ報告自体は，福祉国家の限界である画一主義やパターナリズムをいち早く指摘していると解釈することもできる。福祉国家と福祉社会の両立可能性や緊張関係を理解したうえで，最低限保障原則としてナショナル・ミニマムを論理構成していたと考えるべきであろう。ベヴァリッジ報告で提示された社会保障計画は，「拠出とひきかえに最低生活水準までの給付を権利として，かつ資力調査なしにあたえようとするものであって，個々人はその水準の上に，それをこえる生活を自由にきずき上げることができる」（ベヴァリッジ 1969：6）ものとされている。

　このようなナショナル・ミニマムの考えが制度設計で重要な意味をもつことになった後，かつて松下圭一らによってシビル・ミニマムが主張されることがあった。松下においてシビル・ミニマムは市民の権利と政策公準の2つの意味として捉えられていた。しかしながら，シビル・ミニマムがナショナル・ミニマムと対立する状況を想定していたわけではない。むしろシビル・ミニマムがナショナル・ミニマムを押し上げる機能を一部期待していたのである。彼によると，「ナショナル・ミニマムがともすれば低い，それもばらばらの法律規準にとどまりがちな現状にたいして自治体が，それぞれの自治体の特殊性を反映しながら，独自に都市生活システムの公準としてシビル・ミニマムの実現が，自治体相互に波及効果をもたらすとともに，その結果として国民生活システムの公準としてのナショナル・ミニマムを国民自体が自主的に押し上げていくという政治効果がそこで追求されているのである」（松下 1971：275）。

（2）　福祉国家の中央・地方関係

　この指摘は高度成長期の脈絡の中で語られたことであるが，縮小均衡の財政状況の中で国と地方のミニマムの決定はどのようにおこなわれるべきであろうか。そして，福祉国家と中央・地方関係はどのような構図として理解すべきなのであろうか。各国の例をみると，福祉国家の成立と中央統制の維持はパラレルな関係にあった。福祉国家を推進するために中央の政策意図を貫徹する必要があり，そのために中央統制の仕組みは不可欠であった。イギリスの歴史を顧

みれば，福祉国家の成立は分権化していた福祉行政を集権化する過程の中で成立した[1]。日本においても，生活保護法が制定される中で地方自治体が裁量を用いて生活保護の法運用を適切におこなわないのではないかという危惧から，国8割，地方2割という財政負担となった（武智1996b：87）。第二次世界大戦後，先進諸国が福祉国家を建設する中で，中央統制のメカニズムは強化されていった。日本においては，欧米社会を目標とし，右肩上がりの経済成長を実現するために，中央統制でミニマムの水準を引き上げることが実施された。実際に，高度成長期には機関委任事務は増加している。

　このような福祉国家成立の過程でナショナル・ミニマムを実現するために中央統制を構造化することは，中央省庁にとって影響力の維持・拡大につながるメリットがあった。また，地方自治体にとっては自分の懐を痛めずにサービスを拡大できる。そして政権与党にとっては政治家の影響力行使の可能性を保持することが可能であった。国土の均衡な発展という名の下に，中央・地方の政府間関係に政治行政の既得権を形成することになった。しかしながら，このような中央・地方関係のなかで，財政錯覚による無駄な公共支出も生まれることになる。画一的な基準の設定が地方の個別事情に合わない場合，それは自治の阻害要因となる。ひいては，自治体の柔軟な対応を抑制し，政策の革新さえ最小化してしまう可能性も出てきた。

　高度成長期に全体の資源が拡大していた際には，効率性・有効性・優先性という基準は積極的に追求されることが少なかった。しかしながら，低成長期にはそれらの基準が限定された希少資源の配分基準として重視されるようになった。中央に資源配分の決定を依存しているよりも，地方自治体自身で自律的に決定をおこなうほうが効率的で有効なパフォーマンスを生む可能性さえ出てきた。公共事業，教育，農業，環境，福祉などで構造改革特区制度を利用した規制緩和の提案が地方自治体からおこなわれ，規制の枠組みを緩和させる提案が実現をみたものもあった。そしてその背景としては，首長の政治的役割があった。このような資源配分で重要なリーダーシップを発揮する首長，つまり知事や区市町村長の政治的役割がクローズアップされることになる。

一定の所得水準が確保され，国の財政状況が縮小均衡の状態にある中で，なぜナショナル・ミニマムを追求しなければならないか。国と地方の役割分担はどのようにおこなうべきか。実際に中央省庁の国際業務は拡大しており，国内業務は大幅に地方自治体へ移譲すべきではないか。このような問題提起が抑制均衡の財政状況の中でおこなわれているのである。

以上，構成員共通の最低生活水準をミニマムとして位置づけ，福祉国家とナショナル・ミニマムとの関係について論じてきた。それでは，ミニマムの構成要素はいかなるものとして理解すべきか。それはどのような基準を考慮して決定すればよいのか。このような問題について次に論じることにする。

2. ミニマムの構成要素

公共サービスは受益と負担によって構成されている。地方自治体では人数割と所得割という原則がしばしば用いられるが，それを根拠づける基準が，応益負担と応能負担である。応益負担は受益の及ぶ範囲を対象として利益に応じて負担する方法であり，受益者が明確に確定できる政策分野で採用されてきた。とくに公益事業分野で採用の傾向が顕著であり，電話，郵便，鉄道，道路，上下水道が典型例である。応能負担は能力に応じた負担をする方法で，住宅，保育，介護などの社会サービスでもっぱら採用されてきた。能力といっても所得，消費，資産それぞれで異なるが，多くは所得が重要な能力尺度として用いられてきたのが通常である。

それでは，最低生活を考慮する基準とは何か。それはどのように構成されるものと考えるべきか。構成する基準は多数あるが，ここでは3つに区分して説明することにする。

(1) 政策公準としてのニーズ

第1の基準は「ニーズ」である[2]。住民身近な政府であればあるほど，住民のニーズを充足することが期待されている。サービスを必要とする「声」があ

れば，その要請に応答するのが高度成長期の行政の通常のあり方であった。そこでは節約と能率を必ずしも重要視しない行政運営がおこなわれてきた。政府と民間のどちらが適切かという妥当性の基準，より費用の低い代替策を模索する経済性の基準，より目標の達成度の高い選択肢を探す有効性の基準，より効果や便益の高い代替方策を探す効率性の基準が，政策選択の際に重視されることはほとんどなかった。全体の資源が常に拡大していた高度成長期には，このような行財政の運営が問題視されることは少なかった。しかし資源が拡大しない低成長期に，ニーズだけを考慮基準とすることはできない。そのため，ニーズを最優先の基準とすることに対してしばしば批判されるようになった。

　ニーズを政策公準とすることの第1の問題点は，ニーズは際限なく拡大することである。国民も，行政官も，政治家も，常にニーズの拡大を求める。ひとたび一定の水準が達成されれば，さらに高い水準を設定したり，サービス範囲を拡大したりすることで，歳出と歳入の構造的ギャップは埋めることができなかった。たとえば，下水道の普及ではニーズのある世帯に平等へサービス提供することを余儀なくされ，敬老金や給付金は高齢者には人気のある自治体プログラムのひとつである。

　しかしながら，ニーズの拡大に財政状況が対応できない場合，給付とサービスを抑制せざるを得ない。受益と負担の一致をはかることで，効率性を追及することになる。たとえば，資源の希少性を考慮して選択の自由を抑制した例もある。公的介護保険は選択の自由が重要な原則のひとつであるが，神戸市は介護の認定区分に応じて施設サービスを提供し，実質的に施設サービスの対象者を限定していた。これは優先性の基準を考慮したひとつの事例である。また，グループホームの利用がそのグループホームが所在する自治体の住民しか利用できないように，制限されるようになった[3]。これらは自由選択によって資源配分の効率性が阻害されたと認識したからに他ならない。

　第2の問題点に，マジョリティが優先され，相対的にマイノリティが軽視される傾向がある。たとえば，マイノリティである共稼ぎ世帯のために夜間保育や延長保育を実施する自治体は少なかった。保育所に関する事業の国庫補助率

を50％に引き上げても，消極的な姿勢は変わらなかった。また，児童相談所で児童福祉司の配置が定員に満たない自治体も少なくない。厚生労働省が最も優先順位の高い政策分野として子ども・保育が存在しているのは自治体の消極的な姿勢に対する不信そのものが背景にあった。だからこそ自治体に国が介入することが必要と主張され，国庫補助金の補助率引上げの理由となった。マイノリティの擁護者として専門家がいて，中央省庁の存在がある。

ただし，ニーズを基準とする考え方への批判は，批判の対象として個々人の効用を最大化させる利己的な人間像を想定している。効用を最大化させる人間行動の下ではニーズの拡大を制御できないと考えるのである。しかしながら近年は，全体の構造の中で自省的・抑制的な判断をする傾向もみられ，社会保障の場合は次世代への考慮や持続可能性への配慮から自己の利潤を最大化する行動を必ずしもとらない場合もでてきた。年金給付額の引き上げを求めなかったり，公共事業の拡大を望まなかったりする自省的で禁欲ある人間が増加することは，ニーズという政策公準に基づく財政拡大を抑制することにつながることになる。

（2） 政策公準としての効率

さて，ミニマムを考慮する際の第2の基準は「効率」である。既存の施策について，より効果・便益の高い選択肢はないか検討する効率性，よりコストの低い選択肢はないかを模索する経済性，の2つを区分することもできるが，ここでは厳格に区分することなく用いる。この効率性や経済性は既存の施策や事業を見直す基準として近年自治体でもしばしば用いられてきた。

しばしば集権論への批判として，国は既得権が多く変化に対応しにくいことが指摘されてきた。補助金要綱が画一的で地方の実状にあっていないことはしばしば指摘されてきたところである。また，国は住民から距離があってニーズに対応しにくいという批判もある。たとえば，三種混合ワクチンの予防接種において，前橋市や国分寺市は，国に先行して義務づけから選択制へ政策転換した[4]。公的介護保険の認定区分や低所得者対策では，保険財政を運営する保険

者としての地方自治体ではなく，住民の救済をおこなわなければならない身近な政府としての地方自治体の役割がいかんなく発揮されている。地方自治体は一方において，保険者として保険原理に基づいて公的介護保険を合理的に運営しなければならない。しかし他方において，住民のもっとも近い政府として目の前にいる低所得者を救済しなければならない。ここに公的介護保険における自治体のジレンマがある[5]。

　しかしながら，リスク分散から考えると，事業の規模は大きいほど効率的になる。社会保障が再分配政策である限り，受益と負担は一致するはずもなく，不必要に一致させることは重要ではない。外部不経済の解決として，自治体はあまりにも解決の集団として規模は小さい。再分配政策やリスク分散の保険原理では受益と負担が一致せず非効率であることが多い。

　たとえば，ホームレス対策では地方自治体がホームレス対策へ熱心に取り組めば取り組むほどホームレスを呼びよせてしまう。ホームレス対策を積極的におこなうインセンティブは地方自治体には少ない。また，自治体を超えた住民の越境もある。たとえば，A市が基盤整備目的で補助している施設へ隣のB市の住民が入所する場合，公的介護保険の自由な選択という原則の下，これをA市は拒否できなかった。この場合，隣のB市の住民へA市は実質補助していることになる。

　この住民移動が資源配分上の非効率を生み出す事例の解決策として，第1に自治体のレベルを基礎自治体から広域自治体や国に引き上げる方法，第2にA市とB市の間で調整をする方法，第3として一定程度選択の自由を抑制し，供給側に決定権をゆだねるという方法の3つがある。第3の方法ではニーズの基準としての完全性は制約を受けることになる。

　これまで効率性以外に学問的に定立化された概念はなく，効率という価値それ自身を否定することができる人はいないであろう。しかしながら効率だけでは新しいイニシアティブは生まれない。既存の事業や施策の改善や修正はできても，問題解決の糸口とはなりえない。そこがこの公準の特徴でもあり，限界でもある。

(3) 政策公準としての自由

　第3の基準は自由である。財や効用ではなく自由の平等分配にこそ社会はコミットメントすべきであり，自由の実現のためのコミットメントに政府が関わるべきであるという考え方がある。平等分配された自由によって引き出されるのが，個人の「潜在能力（ケイパビリティ）」である。アマルティア・センによると，潜在能力とはある財の特性を実現できる能力のことであり，生活水準の測定には財やサービスでは十分ではないという。たとえば，洗濯機を所有していたとしても操作方法を知らないならば，洗濯をする特性は実現できない。埋立工事という情報は様々な特性をもつが，新しいビジネスの拡大を実現できるかどうかは個人の蓄積したノウハウ，経験，能力にかかっている（朝日1992：304-305)[6]。ホームレスにも屋根のある家で生活する自由がある。ホームレスの能力を自由に発揮するためにもシェルターの設置や就労支援が必要となる。高齢者や障害者も他者と同じように自分の力で移動する自由をもつ。その人たちの移動する自由を平等に分配して潜在能力を引き出すためには，個人利用の自家用車では十分ではなく，社会的共通資本となる路面電車やコミュニティ・バスが有益である。

　ただし，この潜在能力アプローチには問題も多い。第1に，個人の潜在能力を規定するのは個人の特性だけでなく社会の仕組みも少なくないが，その社会の仕組みを変えることで個人の自由をすべて保障することは難しいことである。たとえば，地方自治体の自治基本条例に参加を保証する規定が盛り込まれたとしても，「自分の参加する自由が保証されていない」という批判で自治体の政策公準が常に変更されるわけではない。パブリック・コメントを市役所に提案したとしても，それがすべて実現されるわけではない。パブリック・インボルブメントで表明された個人の意見がすべて反映されていないからといって，その公共事業が廃止されるべきではない。

　第2に資源上の制約は社会的コミットメントしての自由を大きく左右する。コミットメントすべき自由の対象と範囲を定める作業は難しい。ましてや，優先順位について社会的合意を得ることは困難を極める。効率や優先という基準

との関係で潜在能力としての自由がすべて享受できないことは，ニーズと同様である。

　第3に個人の自由を最大限発揮させるためにコミットメントするとしても，その自由の分配機構は市場なのか政府なのか確定しなければならない。もし政府で分配するとしても，コミットメントをする責任主体が国なのか，都道府県なのか，市区町村，民間団体なのかは論証できない。自由という政策公準だけでは，実現するための責任主体を確定できない難点がある。

　以上，ミニマムを考慮する際の政策公準を3つに区分して説明してきた。もちろんこの3つ以外の基準も重要であり，考慮されるべきものであろう。問題はこの3つの政策公準の間の緊張関係である。どれを優先させるかは価値判断の問題であるが，3つの異なる観点の間の緊張を理解し，偏りのない反照的均衡を探ることこそ私たちに求められていることであろう。

3. ミニマム決定の手続きと過程

（1） ミニマム決定の方法

　ミニマムの範囲や水準は誰が決めるのか。その手続きや過程はどのように設計すればよいのか。次にミニマムを決定する手続きと過程について論じることにする。

　ミニマム決定に際して第1の方法は，憲法上の構成を用いることである。憲法の下では限定された権限の中で，民主主義のルールの下で主権者である国民とその委任を受けた政治家と，その政治家から権限を受権された官僚が，ミニマムを定めたエンタイトルメント・プログラムを決定していくことになる[7]。主人と代理人の連鎖構造の中でミニマムは制度化を受ける。たとえば，憲政上最もラディカルな法制度上の改正としては，国の役割を法律に規定し，外交，国防，貨幣鋳造，金融，所得保障，労働などの一部の機能に限定列挙することが考えられる。さらにミニマムの水準を法定化すれば，その法定化されたプログラムについて依法的民主主義（法の支配）の理念が貫徹することになる。し

かしこれは自治体に包括授権を認めた現行憲法を改正し，国と地方を役割重複のない二重構造にしなければならない。また，参議院を各都道府県選出議員2名ずつの地域代表制度に改革することもひとつの憲政上の改革の例である。

　もちろん，代議制は定期的に選出する代議員を通じて国民がその権力を行使する制度であるので，投票という形式を通じて自分の意思を政治の意思に反映させ，一定期間，権力の行使を議員に信託するものにすぎない。その代表をめぐる考え方としては，議員とはその議員に投票した選挙民＝「主人」の忠実な「代理人」であるとする「委任代表」と，両者の間では国民全体の利益を追求してもらうための一種の白紙委任がおこなわれているとする「国民代表」がある。どちらの考えであれ，代議制民主主義はミニマムを設定する十分な制度なのか，合意形成が十分なのか，という疑問は残る（川出 2003：363-364）。

　まず，代表の擬制の問題がある。代表の観念は議員と選挙民との信頼関係または同質性のうえに成立しているといわれるが，それが十分な信頼関係なのかは議論あるところであろう。また，大衆デモクラシーでの問題点も指摘されるべきであろう。政党や議員直接でなくマスメディアが国家と社会を媒介している現実もある。利益集団の噴出により政党の媒介機能や議員の代表機能は低下していることも否定できない。

　第2の方法は，市場のメカニズムを用いることである。住民はサービスを受け取る消費者として想定されるが，その消費者が自治体を選択することによって自治体間に競争がうまれ，自治体間の競争によって地方政府システムに市場と同様の効率的な資源配分の機構が成立するという考え方である。C. M. ティブーによって提唱された「足による投票仮説」がそれであるが，そこでは自治体間の競争によって受益と負担の最適な構造が生まれることになり，ミニマムはその最適化の中で決定されることになる[8]。

　しかしながら市場の機構が成立するためには，一定の需要水準が確保されること，完全情報の状態が成立することが条件とされなければならないが，それが成立するハードルは高い。自治体の規模を最適なものにすることは難しいし，住民が受益と負担の情報を完全に把握しているかどうかは疑問の残るとこ

ろであろう。さらに，各自治体は政策革新に基づく自治体間競争だけでなく，模倣・連結という効率性達成の方法も加味して施策や事業を決定しているのが現実である。

　第3の方法は，政治過程のメカニズムを用いることである。多元主義とは市場の競争のごとく多元的な利益集団が自己の利益を追求して政治活動し，目標を実現させる形態をいう。またコーポラティズムとは，政府，労働，経営などの関係の協議によって政策決定をおこなう方式である。ともに集団間の相互作用によって合理的な政策が形成されることを肯定的に捉え，多元的な集団利益を代表する人びとの多元的な価値基準に基づく行動が相互に調節された結果，市場の予定調和のごとく公共の利益に合致した，社会的に合理性のある政策となることを理想型とする。

　これは政治を市場のアナロジーで考えるものであるが，市場における団体間競争で最適なサービス提供がされる擬制に批判がある。たとえば，マイノリティの保護が可能なのか，現状を肯定する理論ではないかという主張である。批判的論者の1人であるセオドア・ロウィは，多元主義が当時のアメリカ政治学において盛んに展開される中で利益集団自由主義論を批判し，依法的民主主義と議会の再生の必要性を説いている[9]。

（2）　政治過程としての三位一体改革

　さて，この3番目のミニマム決定方式としての政治過程が脚光を浴びた事例として，「三位一体改革」をめぐる政治過程がある。三位一体改革とは，「官から民へ」「国から地方へ」の考えの下，国庫補助負担金の改革，税源移譲を含む税財源配分の見直し，交付税改革の三位一体で2006年度までに推進することをいう。そこでは2004年においては，9月14日から12月24日まで計8回，国と地方の間で官房長官を座長とする協議会が設定され，三位一体改革について大臣と知事の間で議論がおこなわれた。このことが具体的にミニマム決定にどのように影響したかは別として，全国知事会・全国市長会など地方六団体から国庫補助負担金の改革案が提案され，国と地方の間で協議の場が公式に設定され

た意義は大きい。まず三位一体改革の政治過程について、その概略を説明しておきたい。

2004年5月28日の経済財政諮問会議で「骨太の方針・第4弾」の原案が示されたが、その際に小泉首相は、三位一体改革をめぐり3兆円の税財源移譲を盛り込むように指示を出した。しかし税財源移譲をおこなうにあたっては国庫補助負担金の改革が必要であるため、地方六団体に2006年度までの国庫補助負担金の削減案をまとめるように求める考えを示した[10]。

これを受けて8月18, 19日両日に開かれた全国知事会では10時間を越える議論の半分以上を義務教育費国庫負担金廃止の是非に費やした。そして一部の知事の反対を押し切って、義務教育費国庫負担金の8,504億円を廃止して税源移譲するよう提案することを決めた。3兆円規模の税財源移譲を提案するために、規模の大きな義務教育費ははずせなかった[11]。

8月24日に地方側は義務教育費国庫負担金の中学校教職員給与費など3.2兆円の削減案を経済財政諮問会議に提出した。地方案では、社会保障費約9,400億円を削減対象としていた。この時、小泉首相は地方六団体の代表と首相官邸で会い、補助金削減案を梶原拓岐阜県知事から渡された際に協議機関をつくることを提案された。7月15日の全国知事会で協議機関をつくることが一部知事から申し入れされ、首長に手渡す文書に協議機関の設置要求が書き込まれていたのである。そして首相は国と地方の協議機関をつくり、対応していくことを約束した[12]。

しかし9月14日における第1回目の国と地方の協議会では、補助金廃止案について各省庁から反論が続出した。地方案では社会保障関係で、私立保育所運営費、児童保護費等負担金、児童福祉事業対策費等補助金など9,444億円を廃止することが提案されたが、坂口厚生労働相は「子どもの問題は地方、高齢者は国、というくくり方は具合が悪い」と批判したという[13]。

10月5日、全国知事会の梶原拓岐阜県知事らは首相官邸に細田官房長官を訪ね、各省庁が代替案を示さなければ協議会への出席を拒否する構えを見せた。10月8日の閣僚懇談会では、細田官房長官が閣僚に対して、①28日までに補助

金削減の各省庁案を示す，②地方案に異論がある場合は，地方案の廃止額に見合う代替案を出す，の2点を求めた。しかし関係各省の大臣たちは反論を繰り返した[14]。

10月12日の第2回目の協議会において，厚生労働省は生活保護，国民健康保険，児童扶養手当の補助率引下げを提案した。そして制度の見直しも同時に示した。つまり，医療費抑制に関する都道府県の役割を拡大し，生活保護では受給者に対する自立や就労を支援し，児童扶養手当では母子家庭の母親の職業能力開発と雇用を促進する補助事業について地方の裁量を拡大することを提案したのである。これに対して全国知事会など地方六団体は強く反発した。地方案に対する各省ヒアリングが10月12日から始まり，厚生労働省も説明したが，具体的な補助削減額や地方に移譲する財源については触れなかった[15]。

その後の国と地方の協議は，10月19日に第3回，10月26日に第4回，11月9日に第5回，11月24日に第6回，11月26日に第7回，そして12月24日に第8回と各回テーマを決めて継続された。10月19日の第3回目の協議で厚生労働省は再び生活保護，国民健康保険，児童扶養手当を3本柱とする国庫補助率の引下げを代替案として提示した[16]。地方六団体は強く反発した。対立は解けないまま，実質的に終了し，各省の回答・対案は10月28日に締め切り，11月初めから細田官房長官，谷垣財務相，麻生総務相，竹中経済財政相が関係閣僚と折衝することになった[17]。

11月16日に自民党与謝野馨政調会長がまとめた「『三位一体改革』具体化の作業指針」では，3兆円の削減額確保をめざし，補助率引下げや交付金化は原則適当ではないとしながらも，実質的には容認し，与党の合意が得られない部分は問題解決を先送りした。そして11月17日には政府と与党が合意案をまとめた。11月26日に政府と与党の合意した三位一体改革の全体像が示された。

結局，国民健康保険については地方への権限委譲を前提として，都道府県負担を導入して国庫負担7,000億円を削減することが示された。2005年度は約5,500億円を所得譲与税として税源移譲することで厚生労働省，総務省，財務省が合意した。生活保護と児童扶養手当については，問題解決は先送りとなっ

た。政府・与党合意で地方団体関係者が参加する協議機関を設置して検討し，2005年秋までに結論を得て2006年度から実施することになった。養護老人ホーム運営費と在宅福祉事業費などの補助金は削減方針とした[18]。

（3） 妥協と先送りのミニマム決定

このように，官房長官を座長とした国と地方の協議会が設置されたにもかかわらず，実際にその帰結は妥協と先送りの決定となり，とくに社会保障関係は地方六団体の原案とは程遠く，地方六団体がむしろ望まない結果であった。地方の自由度が拡大する改革として評価することはできないであろう。この時，各省庁の対応は多様であるが，既存の権限をできるだけ保持し，政策的経費を確保したいという傾向は共通したものであった。

第1は拒否ないしほぼゼロ回答の省庁である。農林水産省と文部科学省がこれに該当する。自民党文教族のドンである森喜朗前首相が「命がけで反対する」と発言したことで文部科学省が後に引けなくなったこと，義務教育費以外の補助金は文化財関係の約340億円だけで代替案を出せないという事情があった。農林水産省に関しては，地方側が求めていた治山事業958億円の廃止は，ゼロ回答であった。経済産業省にいたっては，数件の小額補助金の廃止を提案した消極的な提案にとどまった。もちろん各省庁が地方の裁量拡大という課題にまったく無視していたわけではない。たとえば，総額裁量性の活用，「六・三制」の弾力化などがその例として挙げられる。

第2は負担率の引下げという対応である。前述した厚生労働省がその典型である。ただし，それは国庫負担率の引下げというだけでなく，政策的経費での国庫負担率引下げを回避し，義務的経費を引下げるという，地方自治体にとっては地方の自由度が拡大しないものが含まれていた。

第3は交付金化である。国土交通省など公共事業の補助事業を所管している省庁は，この方式で回避しようとした。たとえば，環境省は所管する補助金の9割にあたる1215億円を削減するよう地方側に求められていたが，廃棄物処理施設整備費などで216億円を廃止し，950億円を交付金に変えて対応しようとし

た。

　第4は全面受入れをした稀な例は総務省であり，消防防災設備整備費64億円，地域情報通信ネットワークの基盤整備事業費24億円などがそれである。税財源移譲を含む税源配分の見直しとして，総務省案では所得税から個人住民税3兆円，消費税から地方消費税2.5兆円の移譲を提言されている。ただし，基幹税としての個人住民税を移譲すると受益と負担の一致ははかれない。消費税そのものは将来的に社会保障財源として期待されているために財務省の抵抗が強固であることが予想され，総務省案では提案されていない。

　このような省庁の対応だけでなく，自民党や公明党の政党介入も地方側には阻害要因として働いた。自民党においては，厚生労働，文部科学，国土交通など関連八部会の合同部会では地方案に反対が続出した。自民党政調会長であった与謝野馨は，3.2兆円の補助金削減という総枠を維持することができれば「成功」との認識を示し，地方案を修正する形で自民党案をまとめようとした[19]。参議院選挙で，自民党は3兆円の税源移譲を公約としており，3.2兆円の補助金削減という枠組みが首相の公約として重視されていたことは否定できない。小泉首相も2005年度予算にできるだけ生かすよう努力すると確約した[20]。しかしそれは，その数字さえ遵守すれば他は優先順位が低い公約として解釈されがちであり，政府・与党間の協議では3兆円の数字のみが一人歩きしてしまい，実際には数合わせの改革として収斂していったのである。

　また，公明党は生活保護や児童扶養手当の補助率を引き下げることについて消極的な態度を示し続けた。厚生労働省にとっても，公的介護保険改革の前に市町村の支持を得られない改革はしたくないし，ましてや地方自治体も生活保護と児童扶養手当の補助率引下げは絶対認めない意向であった。

　これに対して，国民健康保険は厚生労働省にとって肩代わりの本命であった。市町村の支持は得られやすいという読みはあったし，2006年の医療改革で運営主体を都道府県単位に広域化して保険財政を安定化させることを検討されていたことが案の提示に幸いした。地方六団体にとっては，生活保護や児童扶養手当よりは受け入れやすいものであった。

では，協議会方式がなぜミニマム決定の方式として成功しなかったのか。

第1に，国民，国会議員，中央省庁の官僚，知事や市長などの首長，官邸など関係者において認識の共同体が形成されなかった。地方六団体については全国知事会が原案の実質的なとりまとめをし，知事らは小異を捨てて大同につく合意形成をおこない，地方側の提案をおこなった。しかしながら，国や地方自治体の役割について共通了解が存在しなかった。国庫補助率引下げや交付金化という「禁じ手」を各省庁が出さないという共通ルールが有効に機能せず，それを制御する主体もなかった。

第2に中央省庁のしたたかな戦略が優っていた。たとえば，予定されていた国民健康保険改革を前倒しして，その7,000億円の額で他の補助金廃止の代替とした。国庫補助率の低下と交付金化という禁じ手を使い，とくに地方自治体にとって旨味のない生活保護と児童扶養手当の国庫補助率引下げをあえて提示することで，国民健康保険の国庫負担の一部を都道府県に転嫁させることを認めさせた。国民健康保険に関しては市区町村と都道府県の利益が分断されることも，地方六団体にとっては不幸なことであった。全国知事会にとって頼みの綱は首相のリーダーシップのみであった。

第3にタイミングの問題が挙げられる。参議院選挙の後であったため，三位一体改革の公約は枠組みとして重視された。しかし，郵政民営化法案が通常国会に提出される前であったため，小泉首相は与党との亀裂は避けたものと思われる。地方から案を出させて「外からの衝撃で事態を動かす」手法は5月の段階で小泉首相と麻生総務大臣との間で決まったといわれるが[21]，地方六団体，霞ヶ関，自民党・公明党を巻き込んで政局になるがごとく大きく政治問題化したことで三位一体改革は頓挫した。

第4に首相のリーダーシップの欠如があげられる。小泉首相は「地方案を真摯に受け止める」としばしば述べ，三位一体改革を梃子にして郵政民営化に取り組もうとしたが，与党や霞ヶ関の抵抗は予想以上に強く，官房長官や自民党政調会長の調整にゆだねた。国と地方の協議会の座長である細田官房長官は国庫補助率引下げや交付金化が改革の趣旨に沿わない旨を繰り返し表明したが，

首相の裁定がないとみた各省庁は巻き返しをはかり，補助率引下げや交付金化という，「禁じ手」を堂々と繰り出してきた。小泉首相は「私のところに来る前にまとめてほしい」と繰り返すばかりだった。

結果として，国民健康保険では都道府県だけに負担を求める案を提示し，都道府県と市区町村を分断し，厚生労働省の意向が強く反映した結果となった。国の補助事業を地方自治体の自主財源事業に振り替える改革の趣旨は政府案には反映されておらず，3兆円削減という「名」をとって地方自治体の自由を拡大するという「実」はほとんどなかった。社会保障関係に関しては，地方側からみて大敗北に終わったのである[22]。

4. 自治とデモクラシー

(1) 福祉国家とデモクラシー

中央省庁が国庫補助負担金の削減に消極的な理由は，既得権益を維持したいという志向性だけではなく，自治体に対する2つの不信感が根底にあったことである。つまり，政策決定を分散させることはニーズの制御につながらず，利益の受益者である住民に最も近い地方政府に社会的合意形成が不可能というものである。はたして，ミニマム決定を国政レベルに依存することなく，地域住民の判断にゆだねることは可能なのか。次に，社会福祉学と地方自治論の思考を対比させながら論じてみたいと思う。

教育学や社会福祉学で一般的な思考形式は水準重視の「結果主義」である。自分の理想とする水準に達していなければナショナル・ミニマムに欠けると批判し，そのミニマム達成の過程や主体にはあまり関心を寄せない傾向がある。それに対して，地方自治論での思考形式は手続き重視の「過程主義」というものであり，ミニマム達成の水準だけでなく，その過程や主体に関心を示すことが多い。これは自治体間格差に対する評価が両者で対照的なことが象徴している。一方において，教育学や社会福祉学で教育を受けている人にとって自治体間格差は消極的な現象であり，国が是正すべきものである，そこでは平等とい

う価値が重視される。他方において，政治学の教育を受けている人にとっては，自治体間格差は必ずしも消極的な現象ではなく，それは自治体や住民が是正すべきものと考える。そこでは自由という価値が尊重されている。かつて保健所長に医師を配置すべきか否かの議論が地方分権推進委員会で議論されたが，その際も厚生省と福祉医療の専門職集団は必置規制として保健所長は医師であるべき旨の主張を繰り返しおこなった[23]。

地方自治論は差異に対して積極的な意味を見出す点に特徴があるが，西尾勝はさらに地方自治の価値を6つにまとめている。第1は政治権力の分立を図り，政治過程を多元化する点，第2は民主政治の拡大，第3は地域に適合した行政サービスの供給を保障すること，第4は多元的な自治体が個性的な創意工夫をこらすことを通じて，政策の転換ないし新施策の立案が促進されること，第5は縦割り行政の弊害を矯正し，地域に即した総合的な行政をおこなうことができること，第6は資源配分の点から見て効率的な点である（西尾1986：26-28）。

西尾は西欧諸国が地方自治を制度化して自治権を保障している根拠を示し，国・地方の相互依存関係の中で常に生じる摩擦・衝突・対立を回避するための視点を提供している。しかしながら，それら地方自治の価値が実現できる制度保障について，教育学，福祉学，そして中央省庁から十分信頼されていないのである。それでは，地方自治体が合意形成の可能な制度としては構想できないのか。はたして，民主主義の原理と設計が生活水準の向上につながらないのであろうか。ミニマムの決定を地域社会の手にゆだねることはできないのであろうか。

民主主義（デモクラシー）とは大衆（デモス）の支配を意味し，かつて選挙が国民一般に拡大していなかった時代には必ずしも積極的な意味をもたなかった。しかし，現在において民主主義とは多数の支配だけを意味するのではない。むしろ多様性の確保こそが民主主義の根幹でもある。かつてA・トクヴィルは『アメリカのデモクラシー』の中でアメリカ人の旺盛な公共精神に対して積極的な意義を見出し，国家，中間団体，個人の相互作用として民主主義を捉

えようとした。トクヴィルは1831年5月から1832年2月まで行刑制度の視察調査旅行のためアメリカに滞在した際に，アメリカ市民が地方自治体や民間団体の活動に積極的に参加していることに強く印象づけられた。アメリカ人は民主主義が根づき栄えるために必要な公共心に富む「心の習慣」を持ち合わせていることを指摘している。彼は貴族社会やイギリスと対比させながら，アメリカ人が団結しながら団体をうまく利用する姿を描いている。

「すべてのアメリカ人は年齢，社会的地位，気質のタイプを問わず，常に団体を構成している。すべての人が参加する商工団体のみならず，宗教的な団体，道徳的な団体，真面目な団体，とるに足らない団体，目的がきわめて一般的な団体からごく限定された団体，巨大な団体から非常に小さい団体まで，様々に異なる形態の団体が無数に存在する。祝祭日を祝うために，神学校を創設するために，教会を建設するために，書物を普及するために，地球の裏側の辺境に宣教師を派遣するために，アメリカ人は団結する。病院，刑務所，学校はこのようにしてつくられる。――（中略）――アメリカにおいて知的で道徳的な団体ほど注目に値するものはない」[24]。

（2） 民主主義とソーシャル・キャピタル

トクヴィルがいち早く指摘したように，民主主義の成立には社会における様々な団体が重要な役割を果たしている。その点を再評価したのは，近年におけるソーシャル・キャピタル（社会関係資本）の研究である。ソーシャル・キャピタルとは，信頼，規範，ネットワークが資本として社会に形成・蓄積される状態のことを意味し，道路，港湾，空港，上下水道，公園などのハードな社会的インフラではなく，ソフトな関係をさす。このようなソーシャル・キャピタル論が近年盛んになってきた背景には，市場の失敗，政府の失敗，コミュニティの再評価，第三世界の開発問題などが議論されるようになったからである。

ソーシャル・キャピタルの理論的意味は，社会学者のジェームス・コールマ

ンによってまず唱えられた。彼によると，社会関係資本とは個人に協調行動を起こさせる社会の構造や制度をさす。たとえば，家族，血縁関係，コミュニティ，それらの存立・維持の前提となる規範を意味する。ソーシャル・キャピタルは義務と期待，情報経路，社会規範の三形態から構成され，人びとがお互いの関係を維持するためにおこなう投資行動の有無により増加したり減価したりする。それは見えにくく，個人が知覚できる範囲の小規模な閉じた関係の中で形成・蓄積されやすいものとされている（コールマン2004：474-475, Colman 1988：101-105)[25]。

　さらに政治学者ロバート・D・パットナムによると，ソーシャル・キャピタルとは人びとの協調行動を促すことにより，その社会の効率を高める働きをする社会制度とされ，信頼，互恵性の規範，市民参加のネットワークがその例とされている。彼によると，1970年代に進展したイタリアの地方分権化が北イタリアで成功し，南イタリアで失敗した理由は，経済発展に求められるべきではない。むしろそれはコミュニティに蓄積されてきた社会関係資本の差，市民の社会度（civicness）に起因する。社会関係資本が蓄積された社会では，人びとの自発的な協調行動が起こりやすく，個々人の取引にかかる不確実性やリスクが低くなり，住民による行政施策への監視，関与，参加が起こりやすく，社会サービス提供の信頼が高まることにより発展の基盤ができるというのである。投票率，PTA，サッカーチーム，スポーツクラブなどの参加率，新聞の購読率などを指標として，14世紀から蓄積されてきたソーシャル・キャピタルの差が民主主義に影響していると主張する（パットナム2001：200-231）。

　その後パットナムはイタリアからアメリカへ分析対象を移し，「ひとりでボウリングをする」という論文の中で，戦後アメリカでソーシャル・キャピタルはかなり減退し，市民社会の伝統が失われつつあると指摘する。1980年から1993年の間に，クラブに加入してボウリングをする人は40％減少し，ひとりでボウリングをする人は10％増加したことを例証としてあげている。その要因は女性の労働参入，自動車の普及や郊外化など居住の安定性，婚姻率の低下，離婚率の上昇，実質賃金の低下，技術革新による余暇の変化などに求められてい

る（パットナム2004：129-133）。

（3） ソーシャル・キャピタルの意義と限界

さらに，ソーシャル・キャピタルの概念は拡大化して，第三世界におけるソーシャル・キャピタルの具体的な影響を検証することが盛んにおこなわれているが，その概念には批判も多い[26]。

第1に，社会関係資本は「資本」としての性格を有していないという批判がある。社会関係資本が投資により「蓄積」「再生産」されることの具体的イメージが把握しにくく，社会関係資本には投資の基本性質である「将来の利得を期待して現在の消費を犠牲にしたもの」は見られない。

第2の批判は計測可能性の問題である。ソーシャル・キャピタルというユニバーサルな用語や指標は現地の状況に合わせて設定されており，普遍的な概念として成立していない。また市民参加のネットワークという社会関係資本が効率的な政府を導くという論理は自明ではなく，ネットワークを通じた結束力は政府への効果的なチャンネルになるとは限らない。

第3に権力関係の存在を無視している点である。たとえば，コミュニティ内の不均質さを無視し，弱者やマイノリティの存在を排除して考えている。シドニー・タローが指摘するように，中央政府と地方政府の力関係についての考察が欠如している（Tarrow 1996：389-397）。

第4に定義の曖昧さがあげられる。ソーシャル・キャピタルの概念化は様々なアジェンダを論じる際の便利な口実とされ，社会関係資本による社会科学の「植民地化」さえ起きているという。

第5にスコッチポルはソーシャル・キャピタル論を「スナップショット的」であると批判し，「メンバーシップからマネジメントへ」の変化は専門的に運営される団体が増加したことに基づくものとして，ソーシャル・キャピタル論のローカリズムに消極的な評価をする（スコッチポル2007：111-185）。

このような批判を受け，ソーシャル・キャピタル論では類型化などの試みがされている。たとえば，ネットワーク，組織での役割，ルール，手続きなどの

「構造的社会関係資本」と規範，信条，価値観などの「認知的社会関係資本」の区別がそれである。また社会関係資本には良い面だけでなく，悪い面が存在することも指摘されている。つまり，他者の排除，集団の構成員の要求が集団外にもたらす外部性，個人の自由の限定，低い規範が一般化することなどは，マフィアや汚職の例を見ても明らかであろう。そして，ソーシャル・キャピタルにも，グループ内の結束を強める結合型とグループ間の連携を促す接合型とが存在することが，数多くの事例研究の中から明らかにされている。そして通常この2つはトレード・オフの関係にあると考えられるが，場合によっては結合型の存在が接合型の存在を促していることさえ指摘されている。

おわりに

本章においては，ナショナル・ミニマムの意味について概説し，福祉国家における中央・地方関係の構造について検討した。ミニマムの構成要素をニーズ，効率，自由の3つに区分して説明した。そして三位一体改革を事例としてミニマム決定の手続きを政治過程として分析し，その意義と限界について指摘した。自治とデモクラシーが成立する理論的根拠としてソーシャル・キャピタルを取り上げ，その意味内容を検討してきた。

中央政府に比べて，地方やコミュニティレベルのガバナンスは多様性や多元性を相対的に確保しやすい特質をもつ。ソーシャル・キャピタルの存在が民主主義の可能性を拡大しているかどうかについては議論が確定していないが，それが多様性や多元性を生み，住民の選択の自由を拡大する効果は大きい。それは狭義の福祉のみならず，外国人や男女共同参画の領域においても多文化と共生の可能性を生み出すことが期待されている。トクヴィルが指摘したように，団体間の相互作用にこそ民主主義は存在するのであり，そのために国と地方の協議は政治過程化し，公開されたものであることが望ましい。地方自治体は短期的な効用を追求する存在であってはならず，ニーズの拡大を無法図に野放しにしておくことも許されない。持続可能な行財政構造の中で効率と多様性を同

時に追求する地方自治体であることが必要とされているのである。

1) イギリスの福祉国家形成と中央・地方関係については，辻（1981）に詳しい。
2) ニーズは社会福祉学において最も重要な基本概念である。岩田（1999），武川（1999）を参照のこと。後述するように，ニーズは客観的なものというよりも主観的なものであり，どのようなニーズを自治体の政策対象として課題設定するかは最も重要なことである。
3) 『朝日新聞』2004年9月4日朝刊。
4) この予防接種問題について詳しくは，長戸（1989）を参照のこと。
5) この自治体のジレンマについては，本書第5章，小西（2003）を参照のこと。
6) なお，アマルティア・センの潜在能力アプローチについては膨大な文献があるが，ここでは最も読みやすく刺激的な論説をひとつだけあげておく。セン（1991）を参照のこと。
7) このような民主主義のルールの下で政府がすべてを制御できない領域として，金融市場の領域がある。一国内の金融市場が主権者の及ばないところで操作・制御されている現象をいかに克服するかについて，政治学者はいまだ回答を見いだしていない。
8) 地方政府システムを市場機構の擬制として考え，効率的な資源配分の可能性をみいだす議論については，本書第4章を参照のこと。
9) 利益集団自由主義に対する批判は，ロウィ（1981：408-432）で指摘されている。
10) 『朝日新聞』2005年5月29日朝刊。以下，中央と地方の協議機関で地方側から提出された文書については，全国知事会ホームページ（http://www.bunken.nga.gr.jp/）に詳しい。なお，三位一体改革を政治過程としてとらえた分析としては，北村（2005；2007）がある。
11) 『朝日新聞』2004年8月25日朝刊。
12) 『朝日新聞』2004年8月25日朝刊，『朝日新聞』2004年9月15日朝刊。
13) 『朝日新聞』2004年9月16日朝刊。
14) 『朝日新聞』2004年10月9日朝刊。
15) 『朝日新聞』2004年10月13日朝刊。
16) 『朝日新聞』2004年10月20日朝刊。
17) 『朝日新聞』2004年10月27日朝刊。
18) 『朝日新聞』2004年11月17日朝刊，19日朝刊，27日朝刊，12月7日朝刊。
19) 『朝日新聞』2004年10月28日朝刊。
20) 『朝日新聞』2004年8月25日朝刊。
21) 『朝日新聞』2004年11月27日朝刊。中央政府に対する不信を示す表明として，浅野史郎「三位一体改革　政府案，黙ってはいられぬ（私の視点）」『朝日新聞』2004

年11月27日朝刊が興味深い。
22) ただし，地方交付税改革などについて，総務省は地方六団体と協議機関を設置することとなった。『読売新聞』2004年12月29日朝刊。
23) この点については，かつて指摘したことがある。武智（2001：102）を参照。
24) トクヴィル（1987：201-207）を参照のこと。ただし，訳は一部変更している。なお，著者はかつて武蔵野市のコミュニティ・センターを第三者の立場で評価する仕事に携わったが，その際に感じたことは次に述べるソーシャル・キャピタルの蓄積の厚みであった。その審議会では住民との対話を重視したが，その過程でおこなわれた，いわば熟議民主主義の試行については，武智（2004）を参照のこと。
25) ソーシャル・キャピタルの概念は社会構造のある側面を確認できる点に価値がある。コールマン自身は社会構造に合理的行為パラバイムを組み込む方法として，ソーシャル・キャピタルの概念化を試みている。
26) ソーシャル・キャピタル論への批判，類型化，第三世界への適用については，坂田正三や鹿毛利枝子によってよくまとめられている。以下の記述は，坂田や鹿毛の論文によっている。坂田（2001；2004），鹿毛（2001-2002）を参照されたい。また，宮川（2004）も近年の動向をサーベイしており，有益である。

第4章　自治体間競争と格付け・認証

はじめに

　本章の目的は，公共サービスの信頼を保証する機構について構想することである。結論を先駆けていうならば，それは格付けと認証をおこなう機構を多元的に制度設計することにつきる。では，現在なぜ信頼が重要なのか。それは分権化と民営化（規制緩和）の帰結として自己決定が拡大し，行政によって付与されてきた信頼が，所与のものではなくなるからである。

　もし中央統制が強固であれば，公共サービスの信頼は中央政府が保証してくれる。しかしながら，自治事務や法定受託事務で自治体が責任をもってサービスを提供することになれば，そのサービスの信頼は自治体が保証しなければならない。またサービス提供の形態が，行政機関の直営による提供から民間企業や非営利組織による提供に変化するならば，そのサービスの信頼は民間企業や非営利民間組織が保証しなければならない程度が拡大する。分権化と多元化の結果，市民は自らの目で判断し，自らの頭で価値選択し，自らの手でサービス内容を選別し，自らの声でよりよきサービスを要求し，場合によっては自らの足で住民移動をしなければならない。

　ただし，市民が自己決定をする際に目安となる基準や尺度が必要であろう。しかしながら，それらは十分整備されているわけではなく，今後の大きな課題となっている。この機構を制度設計することは個々の市民には困難であるし，行政機関が直接的に評価することにはデメリットが多い。むしろ民間企業や民間非営利組織の専門家による第三者機関がおこなうことが望ましいし，その制度設計を本章で考えていくことにしたい。

1. 自治体間の競争

(1) 足による投票仮説とは何か

ティブーの足による投票仮説とは，住民が自治体間を移動することによって投票に代わるメカニズムを果たし，自治体が住民をえるための自治体間競争が最適な自治体サービスの提供を生む，というものである（Tiebout 1954：571-579）。その仮説が仮定する条件とは，次の7つである[1]。

① 人びとは自分の選好パターンがもっとも充足される地方政府へ自由に移動できる。

② 人びとは地方政府の歳入と歳出のパターンの違いについて十分知識があり，これらの違いに対応する。

③ 人びとが居住を選択する地方政府が豊富に存在する。

④ 雇用機会の制約は考慮されない。すべての人びとは配当所得で生活している。

⑤ 供給される公共サービスは地方政府の間で外部経済ないし負の外部経済の効果をもたらさない。

⑥ 公共財を提供する地方政府には最適規模が存在する。

⑦ 最適規模を下回っている地方政府は新しい住民を確保して平均コストを低くしようとし，最適規模を上回っている地方政府は逆の行動をとる。最適規模にある自治体はその人口水準を維持しようとする。

この仮説は住民を消費者と仮定し，自治体サービスを企業の商品・サービスとして想定し，企業間の競争で消費者の最適な選択がえられるのと同じように，自治体間競争によって地方政府システムにも効率的な機構が成立しうることを強調した。つまりティブーの足による投票仮説は，サミュエルソン以来の経済学で想定してきた政府＝非効率，企業（市場）＝効率という二分論を批判し，政府システムの中にも地方政府システムの場合は効率的な資源配分の機構が存在しうることを理論的に説明した点に積極的な意義がある。

（2） 仮説への批判と限界

しかしながら，この仮説にはいくつか疑問点もある。

第1の論点は，条件間の整合性が論理的に矛盾している点である。たとえば，住民が政府サービスの情報を完全に把握していることを前提として議論するが，地方政府間で外部性ないし外部不経済の効果はなく，情報が自治体間を伝播することは想定しない。住民が把握しているのに自治体の職員や議員が情報を知らないことを想定するには無理がある。

第2の疑問は，足による投票仮説が必ずしも実証できないという問題である。ティブーは，①足による投票によって住民の選好にもっとも適した地方政府が選ばれて地方政府の公共サービスは効率的に供給される，②選好や所得に関して同質的な住民がグループ化され，同一的な住民が同一の地方政府を形成する，という結論を導きだした。しかしながら，アメリカにおける実証研究でもこの仮説は完全に検証されていない[2]。

第3の批判は仮説条件の非現実性である。仮説条件は必ずしも現実を説明するものではなくてもよいのであるが，もし仮説が人間によってとうてい実現不可能な条件であれば，その仮説の実証的意義は薄らぐことになる。たとえば，この仮説では株などの配当所得で生活している人を想定するが，これはまだ現在の日本では限定的である。また外部性ないし非外部性の自治体システム，つまり自治体間で閉鎖的な自治体システムを想定するが，自治体の事業や施策はスピルオーバーして他の自治体へ伝播するのが一般的であり，すべての政策がイノベーションで実現することを想定することはできない。そして自治体の情報が公開されていて，それらが住民にとって選択可能な情報となっていることを想定するが，自治体情報はすべて公開されておらず，比較可能なほど標準化されているわけではない。

第4の論点は，資源配分の効率性が達成されるのは自治体間の「競争による経済性」によってだけでないということである。広域連合，一部事務組合，自治体間委託，事務の共同設置，民間法人の共同設置などによる「範囲の経済性」，自治体合併による「規模の経済性」，政策の伝播による「連結（ネットワー

ク）の経済性」も考えられうる。

　第5の問題点は，他の自治体へ移住するという選択でなく，今の自治体へ踏みとどまってよりよき自治体へ変革する選択肢もありえる。とくに愛着のある土地に住んでいる場合は，公共サービスの差異だけで居住地を選択するわけではない。ティブーの足による投票はハーシュマンのいう退出（exit）を意味しているが，利益誘導などによる忠誠（loyalty）や市民運動などの抗議（voice）と比較してコストの低い場合に限定されるし，抗議がコスト高である場合にも地元への愛着度ゆえに退出という選択肢を選ばないことも考えられる。

（3）　自治体間競争の実態

　このような批判にもかかわらず，自治体間競争が現実にもつ意味は大きいし，実際に競争は始まっている。雇用・資産・所得・情報という条件は緩和されつつあり，むしろティブー仮説が成立する可能性の方へ向かっている。具体的な政策分野を例示しておこう。

　第1に，介護・保育・障害児(者)という福祉分野である。介護サービスの自治体間格差は大きく，先進自治体への移住を希望する高齢者は少なくない。保険料の低い自治体や一部負担を軽減してくれる自治体を選好する場合もあるだろうし，保険料は高くても施設サービスの手厚い自治体を選択することも考えられるだろう。また，資産の少ない若い共働き夫婦にとっては，自治体の保育サービスの内容が居住地の決定要因として大きく働く。障害児(者)をもつ家庭にとっては，川崎市や世田谷区などの自治体の独自施策は魅力あるものとなるであろう。

　第2に，税の分野である。地方自治法の改正によって，法定外の課税が自治体へ認められるようになった。また起債の発行も許可制から事前協議制へと変更された[3]。税財政での規制緩和が実施された結果，財政状況が悪化している各自治体は，法定内や法定外の課税を導入しようとしている。東京都や大阪府の外形標準課税，東京都荒川区の自転車税，東京都文京区や横浜市の勝馬投票券発売税，青森・岩手・秋田県の広域環境税，高知県の水源税，広島県・岡山

県・山口県・鳥取県・島根県の産業廃棄物リサイクル税，東京都杉並区のポリ袋税，新潟県柏崎市の使用済み核燃料保管税，山梨県河口湖町・足和田町・勝山町の遊魚税，福岡県太宰府市の観光資源税などがそれである。各自治体の独自課税は各自治体の施策の多様性を生み，住民の選択の幅を広げ，自治体政策立案のイノベーションを促進するものと思われる[4]。

　第3に，まちづくりの分野である。北海道のニセコや美瑛，長野県の小布施や妻籠，東京都の代官山や世田谷，静岡県の掛川，愛知県の足助，兵庫県の出石，愛媛県の内子，大分県の大山や湯布院，宮崎県の綾などで積極的なまちづくりがおこなわれている。魅力あるまちづくりが過疎地への住民定住を促進し，観光客を引きつけ，地域の活性化へとつながることになる。大都市への一極集中を防ぐためには，日本全国で魅力あるまちづくりを競争することが望ましい[5]。

　そのほかに，教育における学区の廃止・緩和や介護保険による保険原理の導入によって，住民の選択は拡大しつつある。区内の小中学校の選択が拡大したり，東京都内の都立高校の選択が拡大することになる。また介護保険法の制定や児童福祉法の改正によって，介護や保育の分野では民間事業者を選択することが可能となった。これらは自治体間競争を直接意味するわけではないが，住民にとって公共サービスの選択可能性を拡大することになり，より選択の幅が広いサービスがうけられる自治体を住民が選択するという二次的効果はもつことになる。

　このような自治体間競争をより促進させるためには，雇用，資産，所得という条件が緩和される必要があるが，私たちが意識して改善していくべき条件は情報の問題である。なぜなら，自治体サービスの競争のためには情報を共有化し，指標を標準化させ，そして格付けによって評価することが必要だからである。つぎに，アメリカ，イギリス，日本でおこなわれている格付け活動について説明することにしよう。

2. 格付け活動の実際

(1) アメリカにおけるベンチマークスの設計

　格付け活動としては，アメリカのオレゴン州やフロリダ州で導入されてきたベンチマーキングが参考となる。ベンチマークス (bench marks) とは判断の尺度・基準であり，住民にとってわかりやすい社会指標を設定し，将来の目標値と現在・過去の実績値とを比較することで現状の政策を評価するものである。これは消費者としての住民を意識した制度設計といえる。

　たとえば，オレゴン州では，まずオレゴン・シャインズを設定することから始まる。「あらゆる生活領域において繁栄するオレゴン」を州全体のビジョンとし，「すべてのオレゴン州民に良質な雇用機会を」「安全で関心を持ち合い参加するコミュニティ」「健全で持続可能な地域環境」という3つの目標を設定する。そしてそれぞれの目標の下に，経済，教育，住民参加，社会支援，公共安全，地域開発，環境の7つの項目が設定され，各項目ごとにベンチマークスと呼ばれる成果指標 (Outcome-based Performance Indicators) を開発した。そのベンチマークスは総計90に及び，前回のベンチマークを32個修正し，4つを除外し，6つを新たに加えている。

　その指標を具体的にいえば，州民1人あたりの平均所得の合衆国平均所得に対する割合，高校退学率，18歳以上の州民喫煙率，13歳以上のHIV感染者数などがそれである。きわめて具体的であり，住民にとって理解しやすい指標となっている点が特徴である[6]。

　これらの評価は独立した第三者機関がおこない，その指標の策定は第三者機関と住民の協働でおこなわれる。具体的には，タウンミーティング，電子投票，郵送調査，面接調査，専門家のアドバイスという手法がとられている。住民は単なるサービスの顧客ではなくサービスの所有者 (Stakeholder) として位置づけられ，政策決定への住民参加を重視している点は外部評価・事後的評価を特色としたものであるといえるだろう。逆にいえば，内部評価・事前評価を

表4-1 オレゴン・ベンチマークスの例

年	1980	1990	1991	1992	1993	1994	1995	1996	1997	1998	1999	2000	2005	2010
州民1人あたりの平均個人所得の合衆国平均所得に対する割合(%：合衆国平均を100%)	100	93	94	93	94	95	96	96	96	95	95		97	100
高校退学率(%)		6.6	6.5	5.8	5.7	6.6	7.4	7.2	6.7	6.9	6.6		5.4	4
青少年・成人(13歳以上)におけるHIV感染者数(人)		657	576	538	458	453	435	375	314	301	307		282	263
18歳以上の州民のうち喫煙をしている者の割合(%)		23	22	22	23	22	23	23	21	22	21		17	12
州の税制度とその使用用途を理解している州民の割合(%)				11	12	18	19	21	19	18	18	11		
毎晩ホームレスの状態にある州民の数(人/1000人あたり)				25	17	24	20	21	22	22	22	23	14	13
州民1000人あたりの犯罪報告総数	133.6	139	138.3	138.7	139.5	145.9	150.5	141.8	150.2	138.5	131.7		124.5	110
監視対象河川のうち水質が著しく改善傾向にある河川の割合(%)		8					21	32	52	70	64		75	75

注：2000年度までは実績値、2005年と2010年は目標値。
出典：Oregon Progress Board (2001), Achieving the Oregon Shines Vision: The 2001 Benchmark Performance Report HIGHLIGHTS, pp.19-30より作成。

特色としたものではないため，事業業績・予算・計画の間の改善にはつながりにくい側面もある。各項目の現在・過去・将来を比較して評価することも可能であるし，項目の設定過程で住民の意向が反映されるが，成果指標であるがゆえに，資源配分の効率性を達成するための直接的な評価活動ではない。

（2） イギリスにおけるベンチマークスの設計

市民憲章（The Citizen's Charter）とは，住民を消費者として位置づけ，専門家から消費者へ公共サービスの運転席を明け渡して，公共サービスにおける質の改善を目的とするものである。1991年にイギリスのメージャー政権において導入された。そこでは，中央省庁や自治体の各部門は市民憲章に基づく指標の作成が義務づけられ，その指標は目標（target）ないし契約（contract）として位置づけられた。行政運営のテーマとして「質 quality」「選択 choice」「標準 standards」「価値 value」の4つがあげられ，市民は公共サービスの原理として次の6つの権利をうけることができるものとした。

①基準（期待できる基準の公表，そのチェック，基準を満たされない場合に公表する）
②情報と公開性（提供方法，費用，内容の是非，その責任者についての情報を公開する）
③選択と相談（利用者へ別の選択肢を提示し，相談をうける制度を設け，利用者の見解や改善要求が基準の再検討で考慮される）
④礼儀正しく奉仕の精神で（名札をつけて，礼儀正しく奉仕の精神をもって接する）
⑤欠陥の是正と苦情の処理（サービス提供の不備は是正し，苦情処理の機関を設ける）
⑥支出に見あった価値（効率的で経済的な公共サービスを提供する）

自治体の公共サービスの場合は，パブリック・ミーティング，市民パネルとして無作為抽出のアンケート調査，web site などで市民の意見を吸い上げ，

表4－2　成果指標（Performance Indicators）の例

【総合評価】
・行政サービス全体に満足している人の割合
・苦情を申し出て，その処理に満足した人の割合
・各種選挙の投票率
・請求後30日以内に支払われた税，公共料金の割合
・住民税の徴収率
・自治体の管理職ポストの女性比率
・自治体職員に占める少数民族の割合
【教育】
・25％以上の空席がある初等，中等学校の割合
・11歳時の全国共通試験の自治体内平均成績
・基礎教育を受けていない児童の割合
・半日授業となった日の割合
【社会保障】
・自宅で生活支援を受けている65歳以下の成人の数（人口1000人当たり，以下同じ）
・施設内で公的支援を受けている65歳以上の人の数
・公的保護を受けている児童の数
・児童保護の登録の人数
【公的住宅】
・国の定めた期限内に終わった緊急の維持・補修工事の割合
・緊急でない維持・補修工事に要した平均日数
【租税】
・納税者の苦情処理に要した平均日数
・過徴による年間の還付金額
・税収全体に占める過徴金額の割合，件数
【ごみ収集】
・収集ごみ1トン当たりのリサイクル率
・収集ごみ1トン当たりの清掃車の走行距離
・1世帯当たりのごみ収集費用
・10万世帯当たりの収集もれの件数
【公共輸送】
・100キロ当たりの高速道路の維持費
・補助金を受けているバスの乗客1人走行距離当たりの運行費用
・道路灯の平均管理費用
・点灯しない道路灯の割合
【文化】
・利用者1人当たりの図書館運営費
・住民1人当たりの図書館利用回数
・図書館訪問者のうち，希望の本が見つかった人の割合
【警察・消防】
・住民1人当たりの警察予算
・人口1000人当たりの強盗，凶悪犯罪，18歳以下による犯罪の発生率
・人口1000人当たりの死亡，重傷交通事故
・人口10万人当たりの火災による死亡，負傷者数

注：環境・運輸・地域省，Performance Indicators for 2000/2001，1999年，をもとに筆者抜粋。
出典：加藤（2000；167）。

指標を作成する。各自治体が個別に公表した指標群を地方自治監査委員会が公表するため，各サービスごとに各自治体が全国的にどの水準レベルにあるのかが理解できる。自治体は住民への説明責任をより求められることになり，自治体間の比較が可能になる[7]。

　2000年4月からイギリスで始まった「ベストバリュー」は，画一的かつ集権的であると批判の多かった市民憲章制度を修正し，義務的競争入札（CCT）を廃止して，住民参加や地方議会の機能強化を通じて新しい枠組みを設定した。1998年7月に提出された自治体改革白書『現代の地方政府　住民と共に』の中で，ブレア政権は「挑戦 challenge」「比較 compare」「協議 consult」「競争 compete」の4つのCをキーワードとして示した。自治体は，まず現在のサービス内容を評価し，つぎにサービス向上目標を設定し，さらに達成計画を設定して，最後に計画達成度合いの内部監査と外部監査をおこなう。目標を達成できなかった場合は中央政府の環境・運輸・地域大臣の指導・介入がおこなわれる。

　まず第1段階では，中央政府と独立した監査委員会（Audit Commission）が共同で作成した全国標準値や自治体が独自に設計した評価指標を用いて自分の自治体が相対的に優れているか劣っているかを自己評価する。

　第2の段階では，自治体は住民の意見を聞きながらサービス向上のための具体的な目標を決めることになる。そこでは自治体ごとの事情に応じた行政理念を確立し，達成手段を検討する。監査委員会が設定した192種類の成果指標を基準とし，自治体独自の指標項目を加える場合もある。住民の意見を聞かなければならないため，低い目標値を設定することはできない。

　第3の段階では，どの分野のどの項目を選ぶかは自治体の裁量に委ねられ，5年間のベストバリュー達成計画書を策定し，監査計画の原案を作成する。サービス水準が下位に位置づけられた自治体は，その項目について5年以内に上位25％の自治体水準に追いつくことが求められている。

　第4の段階ではベストバリュー達成計画と具体的な目標値の決定，公表，実施がおこなわれる。5年の計画終了時には，自治体自身と監査委員会によって

監査がおこなわれ，目標達成状況を住民に公表しなければならない。

　各自治体のサービス水準は5つ星でランク付けされ，とくに優れた自治体は「一級自治体 beacon council」の称号が与えられる。企業に対する事業所税を1～2％上乗せして徴収し，自主財源を強化することが認められている。各種の事業計画の提出義務を免除され，自治体の自由な裁量が増すことになる。逆に，サービス向上が進まなかった自治体には環境・運輸・地域大臣から是正が求められ，具体的な改善計画の提出が義務づけられ，民間委託も求められる。最終的には，自治体の機能停止が勧告されることもある[8]。

(3) 日本における格付け活動

　地方分権とは中央統制の鎖から地方自治体が自由に活動することを意味するが，その自治体を対象として，日本でも民間の第三者機関で格付けの活動が活発化してきている。

　第1は日本経済新聞社と日経産業消費研究所によるものであり，『住民サービスここが一番』『全国住民サービス番付』として出版されている。具体的なサービス内容や制度について評価基準としている点に他の格付け活動と異なる特色がある[9]。第2の格付け活動は日本格付け投資センターによるものであり，それは『地方債格付け』『自治体は大丈夫か』として出版されている。地方債という限定した格付けであるため，具体的な数字として入手できる財政情報，財務ランクを評価基準としている点に特色がある[10]。第3は日本統計センターによるものであり，それは『全国都市ランキング』として出版されていた。これは都市の経済活動全般を評価しようとしている点に他の活動と異なる特色を求めることができる[11]。

　このように，日本における格付け活動は民間で先行してきたわけであるが，近年は自治体でもベンチマークを導入する動きが見られる。たとえば，東京都，滋賀県，青森県，舞鶴市がそれである。ここでは東京都と滋賀県のベンチマークスの試みを紹介しておきたい。

　東京都では，1999年8月に「東京都政策指標」（TOKYO CHECKUP LIST 99)

を作成した。東京都によると，その成果指標は都民の生活環境や都市機能を「点検」「健康診断」するものであり，都庁内外で政策論議を高めていくためには政策の目標と実績をわかりやすい指標で示すことが必要だからだという。過去から現在にかけての状況を診断するだけでなく，政策の将来の目標値を設定し，その達成度を点検したり，行政活動からどのような成果があがったかを検証する意味をもつ。指標値の推移を見ることで予算人員など資源の重点的・優先的配分をおこなうことができるし，予算獲得志向から施策の成果志向へと行政当局の意識を転換させることができる。そして目標達成ができなかった場合には，説明責任を強く求められることになる。

この成果指標を導入する過程では，都政モニター250人にアンケート調査をおこない，229個の指標から99個の成果指標へ絞った。「一人あたり一年間のCO_2の排出量」「最混雑時の鉄道混雑率」「一人あたりの公園面積」「住宅取得の年収に対する倍率」「児童・生徒一万人当たりの登校拒否による小中学校長期欠席者数」が具体的な指標として設定されている。しかしサービス水準を他の自治体と比較する指標ではないし，指標作成の過程でアンケート調査だけでなく，タウンミーティングやインターネットを用いた参加の仕組みを設計することも課題であろう[12]。

これに対して，滋賀県では『しがベンチマーク2000』を2000年8月に作成した。滋賀県の現状と未来を測る物差しとして位置づけられている。①誰もが安心して暮らせる「くらし安心県」づくり，②次の世代に責任をもつ「環境こだわり県」づくり，③不況をはねかえす「たくましい経済県」づくり，④個性輝く「自治と教育・文化の創造県」づくり，の4つを取り組むべき課題として，それぞれの課題に成果指標を設定している。それらは3年をめどに見直しを図る予定となっている。具体的な指標としては，「障害者の就労率」「福祉活動ボランティアの登録数」「県民が健康診断を受診する割合」「保育所へ入所を待っている児童の割合」「自主防災組織の組織率」「下水道普及率」「高等学校の中途退学率」「管理職にしめる女性の割合」「観光で滋賀を訪れた観光客の数」などである。この成果指標の特色は，47都道府県における順位や平均値を示し，

到達度を★印の5段階評価で示した点であろう。実績値だけでなく,「平成17年までに年間交通事故死亡者数を110人までにする」という目標値を設定しようとした点も特色となっている。ただし,指標作成は職員でおこなわれており,住民の意向を反映させる過程を設計することが課題である[13]。

以上,民間企業,東京都,滋賀県のベンチマークスについて概説してきたが,この格付けの意義についてさらに詳しく検討していこう。

3. 信頼の制度設計

(1) 格付けの意義と限界

格付けとは本来,投資家に対する投資情報であり,企業の経済活動に対しておこなわれてきたものである。この格付けが行政サービスにまで類推されて適用されるようになると,その基準は住民が行政に投資する価値のあるものなのかどうかを判断する物差しということになろう。

このような自治体公共サービスへの格付けをおこなう機関は,中央省庁,地方自治体,民間企業,財団法人,特定非営利活動法人,市民オンブズマン,住民が考えられる。厚生労働省が自治体の成績を公表することも,在宅サービスの提供実績,容器包装リサイクルの実施率,救命救急センターでの救急患者受入れの領域でおこなわれている。しかし,本来的に中央省庁や自治体は情報公開でデータを提供するだけでよく,そのデータを使って民間団体が格付けの評価をすることが理想であろう。もし総務省などが評価の格付けに反論があるならば,対案をだせばよい。そこで公開の場で議論が生まれ,公衆の目に留まり,様々な批判をうけることで,政策がよりよきものに改革される可能性がある[14]。

このような例から理解できるように,格付けの意義は第1に,住民へ事業や施策の概観を与え,課題の捉え方や水準について問題関心を喚起する効果である。これは消費者としての住民へ公共サービスの関心を拡大させる意義をもつ。

格付けの第2の意義は，自治体サービスの成果を比較検討することによって，納税者の税金や寄付を促進・抑制する点である。むしろその経済的インセンティブの制度設計こそが自治体間競争を促進し，税か控除かいう選択は自治体と非営利組織の間の競争を促進する可能性がでてくる。

　そして第3の意義として，格付けをおこなう過程で住民の参加を促進し，従来の政策決定過程を転換させることが可能である。一部の人間によって政策や目標値を設定するのでではなく，有権者としての住民の意向が強く反映されることが望ましい。その意味で，東京都や滋賀県のベンチマークスも，アンケート調査だけでなく，英米でおこなわれているように，タウンミーティングやワークショップなどの社会的合意形成の過程を重視すべきであろう。

　前述したような民間企業，東京都，滋賀県などのベンチマークスの試みは画期的かつ先駆的なものであるが，しかしながら，これらの格付け活動に対しては批判も少なくない。

　その批判の第1は，指標や基準の設定が恣意的で限定的である，というものである。たとえば，経済企画庁のだしていた「豊かさ指標」については，とくに低くランキングされた自治体から指標の設定に批判が相次いだ。また，日本統計センターが設定した指標は経済指標に偏っており，現行の利便性や快適性の指標から導きだされる格付けでは，不十分ではないのではないか，という批判もあるかもしれない。滋賀県の指標には他の指標と競合していたり，測定方法が不明瞭であったり，指標が県民から見て明確でなく行政職員の目で見ているものもある。

　これらの批判に対しては，いくつかの応答が可能であろう。たとえば，限られた情報の下での評価活動であるため，完全ではないかもしれない。改善すべき指標もあることと思う。しかしながら，格付け活動自体の存在を否定することにはならず，批判と応答を繰り返す中で，指標の改善をはかり，よりよきものにする営みが大切である。その中から討論が生まれ，情報の公開も進展し，よりよき指標の開発も生まれる。そして，指標の見直しをしながら多元化をはかる過程が重要である。総合的で完璧な格付け評価活動自体が不可能なのであ

り，格付け活動は断片的で一面的な評価であることを了解して用いるべきであろう。むしろ，よりよき指標にするため改善する努力の方が生産的である。

さらに第2の批判は，客観的データがそのまま市民の評価につながらない，という批判であり，客観的データより市民の満足度調査の方が重要である，という指摘である。たとえば，情報公開の制度は検討中であるため，点数は低いが，広報活動を丁寧におこなっているで，市民の満足度は高い，という批判がそれである。

この批判に対しては，このような定量的調査を中軸とした格付け作業が満足度調査とは別の性格のものであることを理解しておかなければならない。ただし，住民の満足度というのは重要な指摘であると思われる。なぜなら，政策や行政の評価は究極的に住民のためにおこなわれるべきものであって，行政活動の正当化根拠として利用することはもっとも避けるべき事柄であろう。この点については，繰り返し強調しても，強調しすぎることはない。住民に対するアンケート調査や意識調査は，格付け活動で用いた指標に組み込めないにしても同時に用いていくべきものであり，定量的調査では説明不可能な点を補足する重要な役割をもつものと思われる。

第3の批判は，成果指標に基づく格付けが予算・人員などの資源配分の効率につながらず，むしろ公共活動の拡大を促進させるのではないか，という論点である。この点は成果指標による外部統制の限界であり，指標の設定過程で工夫したり，内部の事業評価・施策評価との連携をはかる必要性を示している。

このような格付け活動は，自治体システムを市場化（民間活動による信頼保証の確保）するための方策ともいえるが，そのためには政治行政の仕組み自体も変えていく必要がある。また，格付けは主として本庁のマクロ的な成果指標であり，個別出先機関や施設でのサービスについて評価する試みではない。これらまで評価を広げるならば，それは格付けよりも認証や自己評価の方が設計の実行可能性が高いし，そこでも積極的に情報を提供するインセンティブの機構が設計されることが望ましい。

(2) 認証や自己評価の対象・手法・意義

　認証は様々な領域でおこなわれている。食の認証，環境の認証，医療の認証が典型である。たとえば，オーガニック認定組合については，DEMETER, ECO-CERT, NATURE&PROGRES, BIO-FRANCE, AB (Agriculture Biologic), NATURE-LAND, ECOVIN (Ecological Vin), AIAB) など多数がある。環境の認証としてはISOシリーズがあり，各国の環境ラベル（日本のエコマーク，クリーンマーク，牛乳パック再利用マーク）も環境負荷の少ない商品を認めた規格である。さらに，自己評価や第三者評価の仕組みが福祉の領域で積極的におこなわれてきており，障害者施設，グループホーム，保育所で実際に開始されている。この自己評価の仕組みは前述したベンチマークスや市民憲章と似ており，事前に設定した項目ごとに事業主体が自己点検するものである[15]。

　これら認証や自己評価のメリットは少なくない。環境認証のひとつであるISOの取得には3つのメリットがある。第1に，外部不経済の原因である企業自身によって環境対策がとられることである。第2に，短期的には設備投資の拡大などコストは増すが，長期的には管理コストの低下や省エネルギーによって製品コストが低下する可能性がある。第3に，企業の社会的イメージが向上し，投資家や消費者の判断基準となることがあげられる。

　しかしながら，認証制度の限界も存在する。原則的に認証はサービス提供主体の自主的な取組みであるため，規格の審査登録をおこなっても，管理システムが継続していることを保証するわけではない。たしかに監査がおこなわれるが，その監査の時にだけ規格審査の水準を達成していれば，外部からは規格を守っているかのように見える。企業や非営利団体の認証取得だけでは外部評価の機構が成立しないのである。また，消費者がサービスの選択で認証を考慮しているかどうか疑問である。つまり，認証が選択の判断に大きな影響を与えていない。

　格付けと異なり，認証や自己評価のシステムはサービス供給側の自主的判断に委ねられている。有機農法の認証は消費者の判断材料となっているが，厚生

労働省の認証であるHACCPを取得していた企業が大量の食中毒事件を引き起こしたことに象徴されるように，必ずしも消費者の認知度は高くない。そのほかの環境や医療の認証についても，食の認証と同様に，日本において普及が高くなく，住民の判断基準となっていない。つまり住民の信頼を勝ち得ていない。では，どうしたら認証制度がより有効なものとなるのか。その機構はどのようなものか。どのようにしたら住民の信頼を得られるのであろうか。

金子郁容は検査・認証においては，行政が枠組みとルールづくりに徹し，非営利組織が検査・認証の主体として情報を発信すべきであると主張している。認証の意義について，有機認証と森林認証の例を引きながら，コミュニティ・ソリューションの実現可能性を指摘する。情報を共有し問題解決の体験をソーシャル・キャピタルとして蓄積することで，コミュニティのメンバーが信用を与えあう，相互与信システムをつくる過程を実現し実践することであるとしている（金子郁容1999：272-273）。

また，金子勝は政府や企業とは異なる第三者機関の機能として，第1に自らモラルを律する機能，第2に市場的領域を作りかえ，消費者の手にとり戻す機能，第3として多元的価値を制度として埋め込む機能，をあげている。金子郁容と同様に，民間非営利組織や非政府組織のネットワークのつくりだす情報が市場の中に公共空間をつくりだすことになるという（金子勝1999：138-146）。

彼らは非営利団体の特性に期待するわけであるが，それだけでは現在の日本において格付け活動は広がらない。監査法人，マスコミ，コンサルティング会社，シンクタンク，コンピュータ会社など民間会社の役割は無視できない。民間企業が格付けという社会貢献を積極的におこない，企業の営利活動に結びつくインセンティブの機構を設計することが必要であろう。

（3） 住民の3つの顔

これまでの論述で，市民も行政も積極的に認証と格付けを許容する制度設計が必要であることを主張し，具体的な制度設計とその意義について述べてきた。これら成果指標の設計で強調されてきたのは主として消費者としての住民

である。しかし，住民は納税者や有権者としての顔も持ちあわせている。しかし，これら3つの側面は必ずしも相容れないし，消費者としての住民だけを強調することは望ましくない。そこで最後にこの3つの側面について論及しておきたい。

　第1は消費者としての住民の側面である。それはサービスの品質向上と自分への利益拡大を志向する。成果指標や認証を住民との契約であると考えるならば，サービスの目標達成が実現しないことは住民との契約不履行として考えることができる。目標達成が実現しなければそれを批判・追及するだけでなく，過去と現在を比較し，他の自治体との比較もおこない，なぜ実現できなかったのか分析する必要がある。そして改善の策を講じ，場合によっては機構改革や民営化の手段を選択することも必要である。

　第2は納税者としての側面である。そこではサービス内容に相当する納税額を要求し，政府活動の抑制を志向する。それは公共サービスが納税額に対して最適なものかどうかを見きわめ，そうでない場合は削減や効率化を求める必要がある。費用便益分析，トラベルコスト法，ヘドニックアプローチ，仮想的市場評価法などで内部評価をおこない公共サービスの効率性・経済性・有効性などを分析し，バランスシートやキャッシュフロー表を導入し，発生主義予算を適用することが考えられる。そして情報公開で住民の手に情報が入手できることが望ましい。また井堀利宏は，納税額の一部を特定予算に配分指定できる納税者投票を主張している。これは部門間・自治体間の競争を促進させることによって，財政赤字の削減や効率的な歳出構造をめざすものである（井堀2001：198-200）。

　そして第3に，住民は有権者としての側面をもっている。その評価は政治家が対象であり，政治家による選挙公約とそれに対する住民の投票行動が最終的な政策評価となる。一部の非営利団体がおこなっているように，議員の行動を評価する格付け活動があってもよい。住民が政策パフォーマンスを判断して投票していると仮定するならば，最終的な評価活動は住民による投票・選挙であり，場合によってはリコール，レフェレンダム，イニシアティブも重要な評価

活動と考えなければならない。

　このような志向性が公共サービスに反映されるためには，まず外部の評価機関・認証機構の役割が重要であると考える。それは，行政と住民の媒介機能，公共活動の標準化機能，専門的情報の提供機能をもつ。現在，民間企業を対象とした格付け会社が株の発行者（企業）と投資家を結ぶ情報の仲介者であるのと同様に，外部の評価・認証機関は住民の断片的・個別的情報を修正してくれる重要な役割を果たすものと思われる。

おわりに

　本章では外部統制の機構として格付けと認証に着目し，それらで専門家の果たす役割を重視し，その制度設計について検討してきた。しかしながら，内部の事前評価活動については検討してこなかった。もちろん外部の事後的評価活動には内部管理の事前評価活動が不可欠であるし，それらは連動して用いられることが望ましい。格付けや認証の活動には変化を促進する大きな役割があるが，ミクロ的な資源配分の効率性を促進する直接的な貢献は薄い。格付けや認証の団体としては企業や非営利民間組織が望ましいし，その専門能力も保有しているが，格付けの指標を標準化するためには行政機関の協力が欠かせない。住民は，消費者としての顔，納税者としての顔，有権者としての顔の3つをもっている。私たちはこれらの顔をバランス良く使い分けていなければならないし，自治体が標準化された統一指標を作成するように働きかけていく必要がある。

1) 福祉を対象とした自治体間競争と広域行政圏の構想については，武智（1996a）を参照されたい。
2) ティブーの足による投票仮説をいち早く検証したのは，オーツである。彼は地方政府が固定資産税を主たる財源としていることに着目し，公共支出水準や固定資産税率の違いと固定資産価値の相関分析をおこなった。固定資産価値に対して公共支出水準がプラス，固定資産税率がマイナスの影響をもたらしていることが指摘され

ている。オーツ (1997) の第4章補論を参照のこと。
3) 近年の分権改革の概説については，本書第3章がある。
4) 法定内課税と法定外課税の実態については，神野直彦・自治分権ジャーナリストの会編 (2001) に詳しい。
5) 田村 (1999) では，日本各地のまちづくり活動について詳細に論じられている。
6) オレゴン州のベンチマークスについては，白石・(株) 富士通総研経済研究所編著 (2001：93-102)，オレゴン州ホームページ http://www.econ.state.or.us/opb を参照のこと。またベンチマーキング一般については，Wisniewski (2001) を参照した。
7) 市民憲章については，竹下 (1996)，安 (1998) に詳しい。
8) ベストバリューについては，加藤 (2000)，監査委員会ホームページ http://www.audit-commission.gov.uk，Simon Speller (2001) を参照した。
9) 日本経済新聞社・日経産業消費研究所編 (1999)，日本経済新聞社・日経産業消費研究所編 (2001) を参照のこと。
10) 日本格付投資情報センター編 (1999)，乾・磯 (2000) を参照のこと。
11) 日本統計センターでは2000年度版の都市ランキングを実施しているが，そのデータは従来のように出版物として公表されていないため，ここでは1999年度版を利用した。日本統計センター・週刊ダイヤモンド編集部編 (1998) を参照のこと。
12) 東京都のベンチマークスについては，東京都政策報道室調査部 (1999)，東京都ホームページ http://metoro.tokyo.jp を参照のこと。
13) 滋賀県のベンチマークについては，滋賀県 (2000)，滋賀県ホームページ http://www.pref.shiga.jp を参照。
14) ドイツにおいては，学会がサービス水準の優良な自治体を表彰する制度があることが指摘されている。原田 (2000) を参考のこと。
15) 日本における環境と医療の認証，福祉における自己評価については，武智 (2001) を参照のこと。

第5章　自治体のジレンマ

はじめに

　公的介護保険に関しては大きな関心を集めているが，その実態を分析した研究は少ない。本章ではいくつかの調査結果に基づき公的介護保険の実施構造を明らかにし，自治体の役割について検討する。本章の目的は，公的介護保険の導入でサービス供給システムはどう変わったのか，という実態を分析することである。

　公的介護保険法は1997年4月に制定され，2000年4月に施行された。その制度導入の背景には介護の社会化という要請があった。高齢化が進展し，要介護者が増大していた。家族機能が低下し，高齢者の家族との同居率は低下し，国民医療費の増大は歯止めがきかなかった。家族と医療機関に依存してきた介護サービスは限界だったのである。

　この公的介護保険は自治事務として位置づけられ，地方自治体は大きな役割を担うこととなった。また，措置から契約への制度変更，要介護認定の基準設定，保険原理の導入，ケアマネジメントの実施，供給主体の多元化，利用者の拡大など従来のサービス提供システムとは大きく異なるシステムを構築しなければならない大改革であった。公的介護保険はドイツやオランダの制度を模倣しており，ケアマネジメントという方式はイギリスの制度に学んでいる。また，供給システムの変化という現象は，イギリスのそれと比較して，よく似た部分も少なくない。

　1990年代において，ケント大学，ロンドン大学，バーミンガム大学の社会政策や行政学の研究者グループたちによって，様々な調査分析がおこなわれた。

それは定量的調査と定性的調査による供給システムの変化を明らかにしたものであり，コミュニティケア法の成果を分析するものであった。それらの調査研究によると，イギリスにおける NHS 及びコミュニティケア法の導入で，コミュニティケアは大きく変化した。自治体が直接サービス提供をおこなっていた提供システムが，NPO や企業によるサービス提供へと変化し，自治体と提供民間団体との間で契約文化が定着した。また，自治体の役割は「直接的なサービス提供 provider」から「条件整備 enabler」の役割へと変化し，第一線においてマネジメントの重要性が強調されたことが指摘されている[1]。

　このようなイギリスの経験は，日本の研究者にとっても無視できないものである。なぜなら，ケアマネジメントの義務づけや供給主体の多元化という点で，日本における公的介護保険の導入でも，イギリスの制度改革が参考とされたからである。日本における公的介護保険の実施構造を明らかにすることは，比較政策・行政の研究から見ても，大きな意義がある。日本における介護保険導入の経験は，イギリスと同じような供給システムの変化をもたらしたのだろうか。

　本章ではまず公的介護保険の実施構造を検討する。そして自治体の3つのジレンマについてミクロ的に分析し，公的介護保険がリスク分散とニーズへの対応という矛盾した目的の接合であるがゆえに制度設計上の矛盾が解決することが困難であり，その問題解決が現場レベル主導でおこなわれていることを指摘する。そして自治体の役割は条件整備という消極的なものにとどまらず，積極的な役割を果たす可能性があることを指摘する[2]。

1. 介護の実施体制と提供団体

(1) 要介護基準の標準化

　従来の措置制度においては，供給側のサービス量が圧倒的に少なかったため，行政機関がサービスの必要量と利用者を決定する仕組みであった。公的介護保険における自治体間格差がしばしば指摘されているが，公的介護保険が導

入される以前はその格差がより大きく，要介護認定の基準も自治体でバラバラであった。ある自治体では家族要件を重視したり，ある自治体は身体要件と所得要件によって，ケースワーカーないし入所判定委員会が要介護の是非とその必要量を判定していたりした。自治体によっては，在宅介護支援センターや委託先の福祉公社が，サービス提供の実質的な決定をおこなっていた例も存在したのである。

　サービス供給側の容量が需要を規定していたため，施設のベッド数やホームヘルパーの派遣時間の制約条件が変化すると，それに従って自治体の基準も変化することがしばしばだった。都市部の自治体では，特別養護老人ホーム（現在の介護老人福祉施設）へ入るのに数年の順番待ちであるのが少なくなかったし，ましてや在宅介護のサービスは低所得者と生活保護受給者が優先されるのが実態であり，中高所得者層は実質的に排除されることが少なくなかった。逆に過疎地では所得要件よりも家族要件が重視されることもあった。つまり，同居する家族がいる場合よりも独居老人の方が優先される場合もあったのである。従来のような介護認定には，明示された基準が存在せず，あったとしても自治体間で大きな格差があり，全国標準的で客観的なものとはいえなかったのである（栃本 2001）。

　しかしながら，公的介護保険の導入によって，介護の必要度を判定するため一定の客観的かつ標準的な判定手法が導入された。被保険者から要介護の申請を市町村が受けると，調査員が訪問調査をおこない，全国統一の調査票によって，身体的機能，身体動作，日常生活動作，痴呆の度合い，特別な医療という79の調査項目を調べることとなった。この調査結果を組み合わせることにより，直接生活介助，間接生活介助，問題行動関連介助，機能訓練関連行動，医療関連行動というケア別の介護時間を推計し，時間区分によってコンピュータが要介護状態を判定する。これが第一次判定である。この第一次判定用コンピュータによる要介護認定基準時間の推計，調査員による特記事項の記述，そして主治医の意見書を総合的に検討し，厚生労働省が示す変更事例を参考にしながら介護認定審査会の委員たちが審査・判定をおこなう。これが第二次判定

といわれるものである。この2つの段階を経て審査・判定の結果が被保険者へ通知される。

(2) 要介護認定の問題点

公的介護保険導入以前の基準の曖昧さを考えれば、客観的かつ標準的な基準を各自治体全部へ設定しようとした意義は大きい。しかしながら、現在の要介護認定の仕組みも十分ではない。問題点を3つ指摘しておこう。

第1の問題はコンピュータ・プログラムの問題である。第一次判定のコンピュータが時間の推計をするものであったため、痴呆性高齢者の要介護度が寝たきり高齢者など他の要介護高齢者よりも低くなる傾向がでてしまった。そのため調査員による特記事項によって実質的な修正が加えられ、特記事項がある場合は介護認定審査会での第二次判定で要介護度が上がり、特記事項がなければ要介護度が上がらないということも起こったのである。調査員が特記事項に高齢者の状態を記述したかどうか、そして介護認定審査会がそれを採りあげたかどうか、が要介護度を大きく左右した。厚生労働省が適切・不適切の事例を示していたが、実際の判定作業ではその事例にあてはまらないものも多い。介護認定審査会の作業はきわめて重要であり、もし更新期間が6カ月のままであったならば、介護認定審査会の負担も少なくなかったであろう。この問題はコンピュータ・プログラムが改善されるべきことを示しており、厚生労働省が示す事例もより多くしていくことが望まれる[3]。

第2の問題は訪問調査員の訓練度にばらつきが存在することである。同じ高齢者の状態について79項目のチェックをするにしても、調査員によって判定が異なる場合が出てきた。とくに痴呆性高齢者を訪問調査する場合、痴呆の症状が出ているときと出ていないときの高齢者の状態の差は大きく、判定調査も困難となる。この問題は調査員に対して訓練を強化する必要性が出てきている。イギリスにおいては自治体が認定調査をおこなっているが、日本の場合、この調査員は委託することも可能であり、実際に民間団体に全部委託ないし一部委託している自治体が半数近くをしめる。もし、第一次判定をおこなう公務

員ないし委託先の職員によって認定の判断基準が大きく異なり実質的な裁量があるとするならば、そして第二次認定をおこなう介護認定審査会の判断が自治体によって大きく異なるならば、認定調査員や認定審査会委員を含めた統一的な研修事業の実施が必要ということになる。

　第3の論点は標準化と自己統治との相克の問題である。地方自治体がおこなっている要介護認定の事務は自治事務であるが、その基準の解釈と運用に関しては厚生労働省の指導が細部に渡っておこなわれている点である。地方自治の観点からすれば、その解釈は地方自治体の裁量として考えるべきであり、基準はすべて法律や政令に列挙すべきであろう。もし省令・告示・担当者会議などで厚生労働省が指示・指導しているとするならば、地方自治法に違反する行為である。厚生労働省の解釈には公定力が存在しないと考えるべきであり、選択肢におけるひとつの解釈として自治体は考えるべきかもしれない。

(3) 公的介護の実施体制

　紙おむつ助成事業や移送サービス事業で上乗せ事業をおこなう自治体も一部存在しているが、保険内で上乗せ・横出しのサービスをおこなっている自治体はきわめて少ない。これは全国一般的傾向とも一致していた。介護予防が公的介護保険でおこなわれる以前において、むしろ一般財源で様々なサービスをおこなっていた。公的介護保険が導入される以前におこなっていた事業は全部ないし一部継続となっていることが多く、廃止されずに一般高齢者事業として実施されている。介護手当、入浴サービス、見舞金など介護保険と重複する事業などは廃止された自治体が少なくないが、介護保険を補完する事業、介護保険では範囲が及ばない事業については、一般会計を財源とする事業としておこなわれていた自治体が多い。

　前述したように、介護保険法が改正されて介護予防が実施されるまで、自治体独自の介護サービスとしては、保険内より保険外で自治体独自の特徴が見られた。保険内のサービスの中で各自治体の特徴がよくあらわれていたのは、むしろ低所得者対策と苦情処理・第三者評価対策である。低所得対策については

減免措置を国の責任として考える自治体が多いため、各自治体独自でおこなっている自治体は少ない。逆にいえば、その是非はともかくとして、この部分に各自治体の考えや取組みの積極性があらわれていた。生活保護世帯以下の生活水準であるにもかかわらず、利用者負担をおこなわなければならない低所得層が存在したため、その低所得層を救済するための緊急的な対策であった。

たとえば、野田市のように、要介護1を2つに区分し、6段階方式を採用していた自治体もあるが、多くは利用者負担を軽減している自治体と保険料負担を軽減している自治体である。たとえば、訪問介護の自己負担分を3％に引き下げること、減免措置の柔軟化、利用料の助成などがそれである。低所得対策を実施している自治体の中では、減免措置による方法より利用者負担の軽減策の方が多い傾向があり、ヒアリングでもそれが確認された。ただし、政令市や大阪圏・名古屋圏の自治体には保険料自体を軽減する自治体も散見された[4]。

(4) 提供団体の多様化

介護サービスのモニタリングは実態調査の実施や連絡調整機関の設置という対応が一般的に見られるが、人口規模の大きな都市ほど、この整備状況は高い。ケアマネージャーや事業者に対する情報提供や連絡調整にとどまらず、第三者評価機関を設置しようとする自治体やオンブズパーソンの設置を試行している自治体もある[5]。

ヒアリングをおこなった自治体が大都市圏に存在することもあり、提供団体は公的介護保険導入以前よりも量的に増加しており、その種類も多様化している。社会福祉法人、医療法人、NPO法人、ワーカーズコレクティブ、有限会社、株式会社など多元化している。在宅サービスに関しては、介護保険事業計画の整備目標には及ばないけれども、在宅サービスの状況は概ね利用水準を下回ることはなかった。2003年の段階では利用割合が予想より低かったこともあり、在宅介護サービスに関しては供給不足問題がおきている自治体は少ない。

ただし、供給量不足は潜在化しているが、もし利用割合が上昇すれば、供給量不足は顕在化していくかもしれない。また、施設サービスについては、介護

老人福祉施設と介護老人保健施設に比べると，介護療養型医療施設が整備目標から見ると圧倒的に不足している傾向があり，医療型の療養病床群からの転換が進んでいないことが明らかである。

2. 供給量と利用割合[6]

(1) サービス供給量の拡大

　サービス供給量は，どの自治体においても増加している。とくに訪問介護や通所介護はその伸びが著しい。通所リハビリや訪問リハビリなど医療系のサービス供給量は，自治体によって増減の違いが見られる。介護保険計画の目標量からみると，医療機関の目標達成率はどの自治体も概して他の種目に比べて低い。保健・医療系のサービス供給量が他に比べて相対的に低い理由は，そのためかもしれない。

　東京都における調査によれば，介護保険制度の実施前後を比較すると，サービスの提供量は訪問通所系に限定するならば，1.27倍に増加している。また，利用割合も50％程度にとどまっている。東京都が2000年に都内3区，7市，2町を対象として在宅介護支援センターの顧客データから任意抽出して実施した「介護保険制度実施に伴うサービス供給量の調査結果」によると，訪問介護は1.35倍，通所介護は1.27倍，短期入所は1.97倍，通所リハビリテーションは1.14倍の伸びである。また要支援は60.6％，要介護1は39.7％，要介護2は47.1％，要介護3は48.9％，要介護4は51.4％，要介護5は54.8％，平均で49.5％の利用割合なのである（東京都 2000）。

　それに対してヒアリング対象とした4つの市で最も福祉サービス水準の高いA市では，2000年12月末で介護サービス種目すべてを平均すると，要支援が7割弱，要介護が4割強，要介護2が5割強，要介護3が7割弱，要介護4が7割強，要介護5が8割となっていた。全体では6割強という高い数字である。他の自治体が40％前後という利用割合であるから，その水準の高さは群を抜いている。さらにA市のサービスの伸び率を見ると，訪問介護は1.93倍，

通所介護は1.15倍，通所リハビリテーションは0.91倍の伸びとなっている。要介護別に見ると，要支援は制度導入以前より減少しているが，要介護3と要介護4の伸びが2倍近い[7]。

この理由は，Ａ市の職員によると，「措置の時代では40時間までが無料（所得制限なし）であったが，ケアプランを作成する際にサービスの時間を同程度にしてほしいという住民の希望が多いこと，一般財源でおこなわれている介護保険居宅サービス利用促進事業によって自己負担が7％分軽減されて3％となっている」ことに求められている。Ａ市においては，サービス利用限度額の約60％という利用割合であり，またホームヘルプの実績が政令市で一番高かったＹ市でさえ46％という利用割合であった。他の自治体が約40％程度にとどまっていることに比べると，Ａ市やＹ市は他自治体よりも，利用割合がかなり高いことがわかる。他市より高い利用割合の要因は，サービス提供の水準に求めることができるかもしれない。しかし，それでも40％近い利用割合の説明にはならない。

低所得者負担や利用者負担の軽減を積極的におこなっており，大都市圏であるのでサービス供給は十分満たされている自治体においても，介護認定を受けた人の利用割合は100％にならない。公的介護保険制度を導入したにもかかわらず，自治体で利用割合が40％近くにとどまり，一般的に低調なのはなぜか。

（2） 低いサービス利用割合の理由

利用限度額自体が高い水準に設定されていると厚生労働省が説明するのに対して，1割の費用負担が大きいのであるとか，供給量が少ないからだ，という批判がしばしばされていた。しかしながら，科学的に実証した研究は存在しない。たしかに，低所得者にとっては，1割の利用者負担や保険料負担は大きいかもしれない。過疎地での民間企業のサービス提供は少ないため，選択の自由が享受できていない場合もあるだろう。しかしながら，大都市圏を含めて日本全域で利用割合が低調な現象を説明することはできない。

公的介護保険をまったく利用していない人たちは，医療保険を利用して病院

に入院しているか，自分の費用負担で有料老人ホームに入所しているか，在宅で家族の介護を受けて緊急時にショートステイを利用しているか，であろうと推測される。利用限度額がドイツの介護保険よりも高く設定されているという厚生労働省の説明もあり，利用割合を60％程度に見ていた自治体職員は多い。それが全国平均で40％程度であったことの原因は複合的なものであろう。利用割合が予想よりも低かった理由は，利用者負担の負担感が多いこと，提供団体が過少であること，利用者が制度や手続きに不慣れなこと，利用限度額が高いこと以外の要因として，次のような要因が考えられる。

　第1に，家族介護を要介護者ないし家族が希望しているので，介護認定を受けても公的介護の適用されるサービスを利用していない可能性があった。とくに，過疎地や農村地域の自治体は，都市部の自治体に比べて，家族規範が強く反映している傾向があるかもしれない。もしこの要因が大きいならば，制度導入の是非は別として，ドイツのように家族に対する介護給付を導入すれば，利用割合はかなり高くなるだろう。

　また，自治体の一般財源による家族給付事業の存在も無視できない。家族支援のために，家族介護を行う者（または家族介護を受ける者）へ現金給付をおこなっている自治体も少なくないので，もしその家族給付で十分であると介護をおこなっている家族が考えているならば，その自治体独自の家族給付が利用者限度額を低くしている原因かもしれない。

　第2に，自治体の介護認定が緩く，または認定の変更によって，実際に必要なサービス以上の認定水準となっている可能性がある。もしこの要因があるならば，より認定を標準化・適正化させる必要がある。認定作業をおこなっている調査員の研修と訓練がより重要な課題である。公務員のみが認定作業をおこなっているイギリスと異なり，日本の自治体においては認定作業を外部委託中心で市職員が一部を担当する形態が半数近くを占めている。認定作業をめぐる直営委託の差異と認定作業の客観性との因果関係は，今回の調査では明らかになっているわけではなく，今後の重要な研究課題のひとつである。

　第3に，療養型病床群の医療型から介護療養型への転換が進んでおらず，病

院に入院している介護対象者が公的介護保険ではなく，医療保険の対象者となったままとなっていた。

　介護認定を受けたにもかかわらず，医療型の療養型病床群，精神病院，有料老人ホームに以前のまま入っている可能性がある。介護療養型への転換が進まなかった理由は医療型の方が病院の報酬が高いからにほかならないが，もしこの転換が進んでいないという要因が大きいならば，病院の転換をすすめるように介護報酬を引き上げるか，相対的に医療保険の診療報酬を引き下げるか，検討する必要があるだろう。

（3）　棲み分けとしての日本型多元主義

　公的介護保険の理念と制度は大きく乖離している。供給体制は競争を伴う多元的特質をもつものではなく，供給主体の棲み分けであり，財政至上主義が供給量を規定する可能性がある。基盤整備に関しては計画と市場との矛盾，施設の他自治体へ補助金を給付する矛盾が解決されていない。ケアマネジメントへの支援，低所得者への生活保障，情報提供と苦情・相談，政策形成の役割を基礎自治体は担っている。基盤整備や条件整備だけでなく，積極的な役割を開拓する必要性に迫られている。

　ここでは，公的介護保険の理念と実態の乖離について指摘し，自治体の役割について検討することが目的である。公的介護保険は試行錯誤の制度設計であったため，理念と制度との間には大きなギャップが生じており，しかも自治事務であるために国の制度設計と自治体の制度運用とは一致しない。とくに，自治体行政として公的介護保険がどのように実施されているかに焦点をあてることにしたい。

　公的介護保険の理念のひとつは自己決定権の確立である。そして，その実施目的として在宅介護の推進や自立支援が強く強調されてきた。措置から契約へとかわり，多元的供給が実現することで被保険者の権利が確立するものと予想されていた。公的介護保険の被保険者は，65歳以上の第1号被保険者が平成13年5月の段階で2,252万人，40～64歳の医療保険加入者である第2号被保険者

は平成13年度見込みで4,286万人とされていた。

　たしかに介護保険導入による利用量を比較すると，訪問看護は平成11年度が355万回，平成12年11月が539万回，平成13年5月が645万回と増加している。通所介護にしても，平成11年が250万回，平成12年が340万回，平成13年度が384万回と増加傾向は変わらない。短期入所は平成11年が91万8千日，平成12年が84万9千日，平成13年が109万2千日と漸増傾向にある。痴呆性高齢者グループホームにいたっては，平成11年に266カ所しか補助されていなかった件数が，平成12年に870カ所，平成13年に1,312カ所と急増しているのである。

　しかしながら，サービスの供給主体は介護老人福祉施設や介護老人保健施設に関して圧倒的に不足している。また，北海道など医療施設の供給過剰な地域を除き，療養型病床群の介護療養型医療施設への転換が進んでおらず，施設サービスはこの面でも不足気味である。居宅サービスの利用割合よりも施設サービスの利用割合の方が高く，住民のニーズは圧倒的に施設サービスにある。

　むしろ居宅サービスについては，競争というよりも，供給主体の棲み分けが見られる。その原因は，初期投資と人件費が高いこと，ヘルパーの報酬単価が高くないこと，施設に関しては需要が供給を大きく上回っていること，などが考えられる。また，公的介護保険が導入される前からの制度継続という要因もある。

　たとえば，通所介護事業は社会福祉法人，短期入所生活介護事業は社会福祉法人，福祉用具貸与事業は営利企業という棲み分けである。訪問看護，訪問リハビリテーション，居宅療養管理指導といったサービスは，当然ながら医療法人が圧倒的な提供主体となっている。その例外は訪問入浴介護事業であり，そこでは社会福祉法人，社会福祉協議会，営利法人が競合している。これは多元的な供給形態の数少ない例といってよいのかもしれない。

（4）　介護保険と財政至上主義

　平成13年度半ば以降，平成12年度の決算が各自治体で公表されている。各自

治体で介護保険は特別会計で対応されているが，その歳入で最も多いのは第2号被保険者からの保険料（支払基金交付金）である。そのほかには国庫支出金，市町村一般会計からの繰入金，国からの繰入金，都道府県支出金がある。第1号被保険者からの保険料は平成12年度前半の半年は徴収せず，後半の半年は半額徴収であったため，その歳入にしめる割合はどの自治体でも低かったものと思われる。

　結論からいえば，平成12年度は給付実績が高くなかった。療養型病床群の介護療養型医療施設への転換が進展しなかったため，医療保険財政から介護保険財政への移行が進まなかったし，何よりまして利用限度額の利用割合が40％を下回っていたことが市町村財政にとっては赤字とならなかった大きな要因であった。

　平成13年度は第1号被保険者の保険料収入が増加することが見込まれるが，しかしながら障害者や40〜64歳の要介護者へ公的介護保険を適用することになれば，介護給付費は急増し，介護給付費準備基金積立金だけでは補填できなくなる。現在の保険料も大きく見直し，事業計画の策定も慎重な対応となるかもしれない。このような保険財政の安定を第一とする思考は財政至上主義であり，その結果，消極的・保守的な自治体対応となりかねない。

　たとえば，自治体職員の思考としては，次のような傾向が見られる。療養型病床群と介護療養型医療施設を一本化し，医療保険で対応することを希望する。介護保険の適用も現状を維持し，障害者や40〜64歳の要介護者へ拡大しないことを願望する。保険料よりも税を財源とすることを希望し，国の負担拡大を希望する。施設の整備は自治体の保険料値上げとなりかねないため，施設サービスよりも居宅サービスを重視する（日本都市センター2001）。

　もしこのような思考様式が自治体職員の一般となり，このような財政状況の悪化を恐れる思考が自治体の将来設計を強く規定することになれば，これは介護保険の自己決定原則などの理念を大きく阻害することになる。

3. 自治体の役割

(1) 基礎自治体のジレンマ

　公的介護保険に関して，保険者として保険財政の安定化をはかる役割のほかに，市町村行政の重要な役割は公的介護保険の基盤整備であり，サービス提供者の条件整備をおこなうことである。しかし，何をもって基盤整備というのか合意が得られていないし，計画的な基盤整備の推進自体が介護保険の理念と矛盾することになりかねない。基盤整備の意味内容を確認することが必要なのである。
　第1の矛盾は計画と市場の混在である。介護保険法では第117条で自治体が基盤整備のために介護保険事業計画を策定することを都道府県と市町村に要請している。介護保険事業計画においては，各年度における介護給付等サービス量の種類ごとの見込み，その見込み量確保のための方策，指定居宅サービスの事業または指定居宅介護支援事業の相互連絡，円滑な提供をはかるための事業などが策定されることとしている。
　しかしながら一方において市町村に，事業量を計画づけることが要請されていながら，他方でその事業主体は都道府県知事に認められたサービス事業者または市町村長に基準該当サービス事業者として認められたサービス事業者であれば，その自治体区域で事業展開を制約されない。そのため，事業量計画を予測することがきわめて困難なのである。その予測不可能であった典型的な例が介護療養型医療施設である。また，公的介護保険の理念のひとつは選択の自由であったはずであるが，多くの自治体においては施設サービスが希少サービスとなり，神戸市などにおいては利用を介護区分で制約している自治体も出てきた。
　第2の矛盾は施設の基盤整備として各市町村が補助金を出しておきながら，実際にその施設へ入所する住民は補助金を出している市町村住民とは限らないという矛盾である。施設の集中する自治体区域には他の自治体住民が居住する

ことになり，住民票をおいていない住民に対して補助金を間接的に給付していることになりかねない。また実質は他の自治体に居住しながら高福祉水準の自治体に住民票をおき，福祉サービスを享受する例もある。いわゆる越境住民である。このように，誰が住民で，何が基盤整備なのかという確定は，現場レベルで難しい問題となっている。つまり保険者として効率的な運営を求められている自治体の役割と住民へ有効なサービスを提供しなければならない自治体の役割が，同時に同じ自治体へ求められていることになる。

　第3のジレンマは保険料や利用者負担の免除と軽減をめぐる議論である。低所得者であっても，保険の原理に従えば，介護保険料は支払わなければならない。たしかに介護保険においては所得段階別保険料制度が導入されており，低所得者については保険料の減免が規定されている。しかし，法定による対応だけでは十分でなかった。つまり，第1段階の「市町村民税世帯非課税かつ老齢福祉年金受給者」において，保険料負担の重い世帯が存在していたのである。そのため，流山市や横浜市では段階区分を変更し，武蔵野市などは一般財源からの補塡をおこなう措置をとった。保険原理との矛盾が生じるが，目の前にいる低所得者を無視するわけにはいかない。自治体は保険者としての役割ではなく，国の枠組みを補完・修正する積極的な役割を果たしたのである[8]。

（2）　都道府県の役割

　近年の分権改革の結果，国の下請け的な執行機関の役割を果たしてきた都道府県がどのように変化していくのかが重要となってきている。礒崎初仁（2000）は府県改革に関する系譜を検討し，府県廃止論，道州制論，府県合併論の改革論争や，完全自治体論，半国家的性格論，機能的団体論，市町村連合論，成熟した主体論という多様な府県像を描いている。そして今後の府県像として，総合調整型，総合執行型，特定課題調整型，特定課題執行型の4つを理念型として分類している。今回の分権改革について，統一的事務規定や統制条例を廃止したこと，市町村への関与を法定化したことを積極的に評価し，逆に府県の基本的性格や市町村への関与について十分検討せず法技術的な記述に終わってい

ることを批判している。そして今後の府県のあり方として総合調整型と特定課題執行型の2つの側面をもった複合的政府が目指されている，と指摘している。市町村への関与が許されるのは，広域的機能と支援・媒介機能を果たす場合に限定され，原則として府県の自治事務として非権力的手法によっておこなうべきであり，市町村の府県政参加を保障することを条件とすべきと主張している。

公的介護保険の場合，実際には，助言指導，事業者・施設等への指導監査が実質的に都道府県により担われている役割と考えてよい。市町村からすれば，市町村への財政支援，人材養成・研修，保健・福祉・医療の広域的連携などで役割を果たすことを期待している。逆に，東京都がおこなっていたような事業者への財政支援については，公正・中立に欠けるものとして批判された。また，介護保険の場合は，市町村が都道府県に対して介護事業者に対する監督権限の移管を要求する場合がある。東京都の多摩地域自治体や北海道空知中部広域連合などが権限移管を要求した自治体の例である。ただし，このような積極的な役割を担おうとした自治体はむしろ少数であり，ある県では県庁から権限移管を打診しても基礎自治体からも要請がなかったという事実も存在している。基礎自治体は日常業務で追われているのが実状であり，多くの基礎自治体にとってはより多くの権限をもつことには消極的なのかもしれない。

（3） 基礎自治体の役割

では，基礎自治体の積極的な役割は何であろうか。自治体特別会計で処理されている自治体事業としては，国民健康保険事業，上水道事業，下水道事業，老人保健医療事業，介護保険事業が主たるものであろう。介護保険は国民健康保険とならんで大きな予算規模の特別会計事業であり，介護保険特別会計への繰入金も億単位の予算規模となっている。

一般的に，基礎自治体の役割としては，提供システムに関する計画や予算づけなどの基盤整備，公的介護保険対象外の人びとへのサービス提供，相談・苦情処理，ケアマネジメントへの支援，情報提供などがあげられる。また具体的

な事業として，紙おむつ給付事業と移送サービス事業は，現在公的介護保険の法定外サービスとなっているが，法定サービスとすることを望んでいる自治体が多い。基盤整備については前述したので，ここではそのほかの役割について4点言及しよう。

　第1にケアマネジメントの支援である。ケアマネージャーは本来的な役割であるケアプランの作成よりも，書類の作成と処理に時間を費やさざるをえない。報酬単価が大幅に引上げとなるなら別であるが，そうでなければ事務的処理の面を自治体が支援することが介護保険の条件整備として必要であろう。

　また，医療・保健・福祉の調整をおこなうために，各自治体では地域ケア会議が開催されていることが多い。そこでは実際に市町村事務職員や保健師が会議を主導している。ケース検討など処遇方針の共有化，サービス主体間の調整，サービス質向上のための研修などがおこなわれている。市町村の事務職員や基幹型在宅介護支援センターの保健師によるケアマネジメント支援がより要請されるところであろう。

　第2に住民の生活保障である。各自治体は保険者として保険財政の健全運営をおこなう義務がある。その意味では保険料未納の住民から保険料を徴収することは保険者としての務めであろう。しかしながら，自治体には保険者としての役割とは異なる側面も担っている。たとえば保険料減免や利用者負担減免が各自治体でおこなわれ，その財源として保険料財源が用いられていることに批判がおこなわれている。

　もし保険料未納の住民が低所得者であったならば，強制的にとりたてるべき保険者としての役割よりも住民の生活を保障すべき自治体としての役割を優先することもありえる。本来的に所得保障は国の役割であるが，国が生活保護水準より低い所得の人びとに対して十分対策を講じていないため，自治体がそれを補完していたと評価することもできる。保険の連帯原理から考えれば，すべての被保険者が保険料を払うことが理想である。しかしながら，その理想が制度と一致しない矛盾を現場レベルで解決しているともいえよう。

　第3として情報提供や相談苦情処理の制度設計である。相談苦情処理は多く

の自治体で市町村の本庁か基幹型在宅介護支援センターでおこなわれている。国保連や都道府県はほとんど役割を担っていないのが現状である。また，第三者評価の事業をおこなっている自治体はまだ少数であり，第三者評価の制度設計をいかにおこなうかが大きな課題となっている。自治体が住民に提供するのは，サービス事業者の事業内容に関するものが多く，サービスの利用手続きや方法，ケアマネージャーに関する情報を提供している自治体もある。しかしながら事業者に関する評価情報を提供している自治体は少ない。これは第三者評価自体をおこなっていないからであるが，この評価主体は第三者または当事者に限定するべきであり，自治体自身が評価することは望ましくない。自治体はあくまで中立的な存在であるべきであり，格付けや認証では民間企業やNPOが積極的な役割を担い，多元的な評価機構が構想されることが望ましい（武智 2001：131-156）。

　第4に，政策形成参加の役割を指摘しておきたい。まず，自治事務における地域の政策形成についてである。自治事務である限り，法令に反しない限りにおいて自治体の自己決定が尊重される。是非はともかくとして，低所得者対策や要介護認定の段階区分で自治体の創意工夫がされていたように思える。前述したように，それは自治の側面から考えれば，むしろ積極的に評価すべき点である。政策形成主体としての自治体の力量が問われている側面でもある。

　従来から厚生労働省の補助金事業として介護予防・生きがい推進事業の推進がおこなわれ，介護保険法の改正で介護予防が公的介護保険事業として実施されるようになった。具体的には各自治体の制度設計に委ねられているため，その内容はきわめて多様である。各自治体では，配食サービス事業，紙おむつ給付事業，住宅リフォーム補助事業，緊急通報システム設置事業，日常生活用具の給付事業，寝具乾燥サービス事業，在宅介護者激礼金支給事業（家族給付），移送サービス事業，軽度生活援助事業，介護教室開催事業などが地域の実情にあわせて実施されているところである。地域密着型介護サービスなどで，地域の事情にあわせた地域福祉システムの設計が望まれているところである。

　つぎに国政参加の問題である。地方自治法の改正によって，地方六団体は国

に対して意見具申をする権利を有するようになった。厚生労働省の主催する全国主管課長会議で発言するだけでなく，全国市長会などで積極的に政策研究がおこなわれている。公的介護保険の場合，全国幹事会が組織され，金沢市・武蔵野市・高浜市などの担当部長・課長主導の下に問題点や改善点の意見交換，情報交換が積極的におこなわれていた。その場には厚生労働省の課長や課長補佐などがゲストとして呼ばれ，自治体と意見交換がおこなわれている。上下関係というより対等の立場であり，問題の所在については基礎自治体の方が情報を多くもっていることもあり，今後は国と基礎自治体とのコミュニケーションはますます大きくなるものと思われる。大きな枠組み設計の国，広域的調整の都道府県，制度運用の基礎自治体という役割分担がここに成立することになる。

実際に，介護保険法施行前に比べて短期入所サービスが利用できる日数が少なくなる可能性があるという指摘を受け，厚生労働省は訪問通所サービスと短期入所サービスを一本化した。また，ケアマネージャーが期待されている役割を担っていないという指摘を受けて，ケアマネージャーに対する支援策として介護支援専門員支援会議の開催や研修の実施などが講じられている。

おわりに

本章では自治体行政としての公的介護保険に焦点をあて，その問題点を検討してきた。とくに基礎自治体の役割に焦点をあてたが，利用率を最も規定している家族要因については具体的に検討しなかった。これは決して家族や地域の役割を軽視するものではない。また，公的介護保険における理念と実態のギャップを強調してきたが，理念と制度が乖離することは他の行政分野でも見られることであるし，国の制度設計と自治体の制度運用が一致しないことは珍しいことではない。また，イギリスの例を引きながら基礎自治体は直接的なサービス供給から条件整備へと役割が転換していると指摘されるが，必ずしも消極的な役割だけが求められているわけではない。むしろ介護保険において，

各自治体にはサービス提供や条件整備以外の側面で積極的な制度設計が求められているのであり，介護保険が自治事務である積極的な意義もそこにあるものと思われる。

　介護保険の導入は基礎自治体にとって大きな負担を強いるものであった。財源や事務量の面で，自治体活動のあり方に大きな影響を与えたことは間違いない。しかもヒアリングの調査結果は，サービス供給量は概して拡大しており，提供団体も多様化しつつあるというものであった。ただし，もともと介護サービスを民間活動へ大きく依存していた日本においては，「直接提供から条件整備」という変化ではなく，「認定の標準化，提供システムの多様化，供給量の拡大」という変化が見られる。条件整備や基盤整備という役割については，まだ結論づけることは適切ではないのかもしれない。各サービス種類の増減率や在宅サービスと施設サービスとの選好について，今回のヒアリング調査では明らかにされたとはいえず，さらに要因を分析する必要があるだろう。とくに公的介護保険導入初年度は利用者負担が軽減されていたため，次年度以降も，継続して変化の各側面を注視していかなければならない。

　本章で強調してきたことは，公的介護保険において自治体の役割とは何か，ということについて自治体の力量が問われているということである。認定業務や直接的なサービス提供さえ，民間で実施している自治体もあれば，両方ともに自治体が担っているところもある。その意味では，日本における介護保険の供給システムは，きわめて多様なサービス提供システムとなった。問題はサービスを提供する団体への基盤整備事業である。在宅サービスをおこなっているNPO法人を基準該当サービス事業者とし，介護老人福祉施設へ助成金を支出している。しかしそのNPO法人や施設には，助成金を出している自治体の住民だけでなく，他の自治体の住民も利用しているのである。間接的に他自治体の住民へ利益を配分していることになる。また，特定の事業者に助成金や補助金を出すことは市場原理を歪め，結果として不公正な競争システムを形成してしまうことになりかねない。

　従来は大都市部の自治体においては，特別養護老人ホームへの建設費補助に

よる入所優先枠の確保がおこなわれてきた。利用者の選択の自由という原則が前提となっている介護保険の下，このような補助金による基盤整備が継続されるのか，それとも補助金という条件整備から契約文化への移行が進むのか，さらに引き続き検討すべき課題のひとつである。また，介護保険法の改正で介護予防が強調される一方で，家事援助の事業が縮小されることになった。この改正へ各自治体がどのように対応しているのか，利用者への情報提供や事業者へのモニタリング・第三者評価など，自治体の積極的な役割とは何か，という問題については，今後の研究課題としたい。

1) このような日英の比較の関心から調査研究をおこなったものとして，平岡 (2001；2002)，高橋 (2003) がある。イギリスの研究については，G.Wistow et al. (1996)，G.Wistow et al (1994)，K.Walsh et al. (1997) を参照されたい。
2) 以下，ヒアリング結果は日本都市センター，厚生科学研究費補助金政策科学推進研究事業においておこなわれた研究に基づく。具体的に自治体名や職員名をあげることはできないが，ここに感謝申し上げる次第である。なお，日本都市センター (2001；2002 a；2002 b) 平岡公一ほか (2001；2002) は実態調査をおこなった貴重な研究報告書である。
3) このような指摘は，岡本 (2000)，宮武 (2001)，増田 (2003)，鏡・石田編 (2002) 椋野 (2002) など多くの論者で指摘されてきた。
4) ヒアリングによる。平成18年4月より，介護保険法等の一部を改正する法律が施行され，保険給付の区分と保険料段階の見直しがおこなわれた。従来の要支援が要支援1と要支援2に区別され，新予防給付の対象となった。また，保険料の第2段階においては，被保険者の負担能力に大きな開きがあったため，細分化された。
5) 武蔵野市などがその例である。
6) 利用割合とは，公的介護保険のサービス利用限度単位に対する利用単位の割合をここでは意味している。
7) ヒアリングによる。
8) この点については，小西啓文による指摘が有益である。小西 (2003) を参照のこと。前述したように，介護保険法の改正によって，平成18年4月からこれの矛盾は一部解消された。

第6章 共生と地域ガバナンス

はじめに

　差異（difference）について，私たちはどのように向きあえばよいのだろうか。これを統合・包摂して消滅させることが望ましいのか。それとも，存在を認めて共存・共生をはかるべきなのか[1]。それらを根拠づける理論はどのようなものなのか。そして違うものが存在する社会の中の合意形成をいかにしてはかればよいのか。

　近年はエスニシティ，ジェンダー，障害などの領域で資格・地位・アイデンティティを問われることが多くなり，国民・住民の資格や地位が公共政策の関心からも問題となっている。かつてアイデンティティの問題はもっぱら政治理論の課題であったが，近年は具体的な民主主義の制度設計や公共政策において多様性・多元性が配慮されるべきであると強調されるようになってきた。しかしながら，公共政策の対象が確定しにくく，しかも同質的な集団を前提とすることが不可能な領域も拡大している。はたして多様な人びとから構成される共生は地域社会で形成されるのか。そこにはコストや同意の問題以外にどのような課題が存在するのか。

　どこの社会でも負担を供する人は少なく受益を求める人は多い。コミュニティもその例外ではなく，自治の理念を実現すべく討議する公衆は少なく，フリーライダーとしてサービスを消費する大衆は多い。多文化，差異化，共生の価値を最大化すればするほど，コストは高まり，組織としてのまとまりも機能低下する。つまり，集団の凝集性と効率性は低下する。強制の手段を課すことなく共生の社会は実現可能か。このディレンマは克服できるのか。コミュニ

ティの公共空間はどのようにして確保すればよいのか。

このような問題関心から，本章ではシティズンシップの理論について論述した後，公共施設とホームレスを対象として地域ガバナンスのあり方を模索する。

1. 差異とシティズンシップ

(1) シティズンシップとは何か

シティズンシップとは，宮島喬によると，3つの意味で用いられているという。第1は国籍であり，第2は資格・地位に結びついた権利であり，第3は人びとの行為やアイデンティティとして観念されている（宮島2004：2-3）。それはもともと近代市民革命によって私たちが得た表現の自由，移動の自由，職業選択の自由などの自由権，投票の権利や政治代表者になる権利などの参政権，そして環境権や生存権などの社会権がそこに含まれる。

従来から欧米における「普通」の市民とは，健常者であり，異性愛者であり，白人であり，男性であった。逆に，障害者，同性愛者，非白人，女性は標準から逸脱したモデルとして，排除，周辺化，沈黙，同化，無視，抑圧されてきたのが現実である。障害者は施設へ隔離され，中心地域から排除されてきた。同性愛者はコミュニティの中で違法者扱いされ，沈黙を余儀なくされてきた。先住民たちは保護地で孤立し，伝統的様式を放棄せざるをえなかった。国民国家の中で少数民族は周辺に追いやられ，一部の自治を認められているにすぎなかった。そして女性は男性と同じ世帯構成として処遇され，税制や社会保障では伝統的地位構造の下で男性の付属物として対応されてきた。

しかし今日において，ともすれば「二級市民」として扱われがちだった人びとのアイデンティティを承認し，差異を排除せずに社会が受容する包括的なシティズンシップを構想することが求められるようになってきた。自由権，参政権，社会権というシティズンシップをさらに拡張して，周辺化されてきた人びとを包括して資格・地位・アイデンティティを構築することが必要となってき

たのである。その背景には20世紀末に浮上してきたエスニシティ，ジェンダー，障害などのアイデンティティ問題が存在する。

　たとえば，1980年代東欧の共産主義国家の崩壊はエスニック・ナショナリズムを招き，旧ソ連邦では民族自立の立場から分離独立が相次いだ。1990年代西欧では移民や難民に対する社会包摂や多文化共生に対して，右派や保守主義の立場から排他的な主義主張が唱えられるようになってきた。カナダのケベック，イギリスのアイルランドやスコットランド，ベルギーのフランドル，スペインのカタロニア，イタリアの北部同盟など分離独立の運動が盛んにおこなわれるようになってきた。また，障害者や女性に対する人権の認識も大きく変わってきた。障害者に対するノーマリゼーションの考えが定着するようになり，ジェンダーに関する社会の態度も雇用・社会保障・教育の各面で変化しつつある。

　以上述べてきたように，シティズンシップの概念が拡張している背景には，エスニシティ，ジェンダー，障害などのアイデンティティ問題がある。このようなアイデンティティの承認は，市民の政治意識や政治参加への関心の拡大により，政治理論だけでなく現実の社会レベルにおいても議論が活発化している。市民の権利・機能・責務・義務を含め市民の徳性や直接民主主義に関する議論が再び活性化してきているのである。ではこのシティズンシップの問題をどのように考えればよいのか。

　T. H. マーシャルにおいて，シティズンシップとは，すべての者が社会の十全で平等な成員として処遇されることを保障するものとして捉えられている。それは共同体の成員に与えられる地位であり，この地位を持つ者はこの地位に与えられる権利と義務に関して平等である（T. H. マーシャル／トム・ボットモア 1993：37-38）。

　彼によると，シティズンシップは3つの段階を経て発展してきた。18世紀に発生した市民的権利，19世紀の政治的権利，20世紀の社会的権利がそれである。市民的権利とは，人身の自由，言論・思想・信条の自由，財産保有の自由，裁判の自由がそれに該当する。政治的権利とは，政治的権力の行使に参加

する自由を意味する。主たる制度は国会ないし地方議会である。社会的権利とは，教育や社会保障に関する権利を意味する（T・H・マーシャル／トム・ボットモア1993：15-16）。

そして近代ヨーロッパにおいて，市民身分は著しく拡大した。つまり，財産を所有するキリスト者の白人男性に限られていた市民的・政治的権利は，女性，労働者階級，ユダヤ人，黒人，その他これまで排除されてきた集団にまで拡大してきたのである。とりわけ，マーシャルの関心はシティズンシップと社会的不平等・階級との関係にあった。労働者階級のように，ジェントルマンの文化から排除されてきた集団に関する不平等の問題をどう扱うかという課題である。それもマーシャルが，シティズンシップを外から与えられるものとしてではなく，人間内部で成長していく生活様式として捉えていたからにほかならない。

（2） 能動的シティズンシップの可能性

マーシャルによると，シティズンシップを実現するためにはリベラルな福祉国家が必要であるという。市民的権利，政治的権利，社会的権利の発展過程で階級という社会的不平等が緩和され，20世紀の社会的権利の展開によって最後の段階に達し，社会的不平等の性格は変化した。ただし，マーシャルが指摘していた社会的不平等の問題は，形式的に平等な権利と義務であって，実質的な平等を意味するわけではない。社会権の拡大は不平等の縮小をもたらすが，そのことはシティズンシップによる不平等の解消をはかることを意味しない[2]。

福祉国家が国民国家を前提としたシステムである限り，それは資格を付与された人びとへの給付をおこなうことが原則である。受益と負担が一致しないと保険システムは維持できないし，近代国家の成立する以前の世界，つまり奴隷システムを前提としたアテネ・ローマ時代や植民地支配を前提とした帝国主義時代ならともかくとして，義務なき権利の存在は国民国家において難しい。岡野八代は，シティズンシップがもつ排除・強制の要素にマーシャルが無頓着であった点を批判している（岡野2003：60-61）。ただし，その批判はシティズン

シップに関心を寄せる者すべてに課せられるべき課題であり，資格・地位と排除・強制とが表裏一体であることは共通の認識であると思う。

　このようなシティズンシップ理論の形式性や受動性を批判する形で，能動的市民を前提とした議論が提示されるようになってきた。権利としてのシティズンシップ・モデルは「諸権利をもつ権利」とアメリカ連邦裁判所から指摘されるほど市民へ多様な権利を与えてきたものであったが，受動的な権利・権原は，公的な生活に参加する義務に欠けるという批判もでてくるようになってきた。責任や徳性の能動的な発揮の必要性を説かれるようになってきたのである。たとえば，責任あるシティズンシップとして，ギャルストンは4つの市民的徳がリベラルな国家に必要であると主張している（Galston1991：221-227）。

　第1は一般的徳性であり，それは勇気，遵法精神，忠誠心で構成される。勇気とは自分の国の代表として戦い，死ぬ自発的な意欲を意味する。遵法精神とは核心となる徳である。忠誠心とは社会の核となる原則に基づいて理解し，受容し，行動する資質である。第2に社会的徳性であり，それは個人の自立心と多様さの2つから構成されている。個人の自立心には自己の抑制と超越したものが必要であるし，多様性を維持するためには寛容さが必要となる。第3として経済的特性を彼はあげ，労働倫理，節度をもって自己満足を延期する能力，変化への適応能力を示している。労働倫理とは個々の自立を支える義務感と仕事をおこなう決断とが結びついたものである。自己満足の延期とは，禁欲的な自己否定と非拘束の自己寛大さとの中庸を達成することを意味する。適応性とは組織や職業を変える変化として特徴づけられる。そして第4の政治的特性としては，公共の議論に参加することを好む性格と素質，様々な見解に耳を傾けようとする意欲，操作や強要ではなく説得によって自分の意見を述べようとする意欲，原理原則と現実との隔たりを狭めようと努力する性格などがあげられている。

　このような能動的シティズンシップの理論は，前提として公共的理性を保有する市民を仮定して議論をおこなう。このような自生的秩序をめざす市民像・社会像はかつてロールズの『正義論』の中で展開されたものであった。ロール

ズの公共理性とは，内容と手続き両面での公正の確保と社会契約説とで理論構成された公正としての正義である。そこにおいて想定された社会とは，自由平等な市民相互間の社会的協働のための公正な基盤の確立をめざし，「原初状態」という非歴史的・仮説的状況で当事者たちが公正な手続きの下，全員一致の合意によって導出・正当化される。原初状態とは社会生活のゲームを始める前に必要なルールを参加者全員で話し合って決める契約の場であり，政治的リベラリズムとは自分自身のよき生の構想を自分で自由に決定する価値を重視し，いかなる地位からも自由であり個人は自由に決定すべきという考え方である[3]。

（3） 公共理性とシティズンシップ

かつてから公共の利益・共通善とは，統治者の権力や政策を正当化する目的のために積極的に用いられてきた。警察国家における「公共の福祉」から，現代国家における安全保障や公共事業において統治者によって強調される公共性と，その下で犠牲にされる「私」の存在がそれである。

しかしながら，このような公共観に対しては批判も多い。第1は市場社会の逆説として考える考え方であり，そこでは自由競争社会を通じて共通善が実現される。かつてアダム・スミスは『国富論』の中で「神の見えざる手」によって市場が自動調節されることを説いた。しかし同時に利己的な功利主義者の集合体として社会を構想したのではなく，市場人の徳性というものも重視した。『道徳感情論』の中で，「他者への配慮」というものの重要性も指摘していたことは強調されるべき点であろう。人間の本性として人間相互の「同感」というものがあり，感受作用を通じた同情・情動・感動の想像力をもつ人間像を構築したことは，『国富論』での功利的な人間が彼によって想定された人間像の一側面にすぎないことを物語っている（スミス2003）。

第2の批判はフェミニズムからのものであり，男性社会によって主張されてきた共通性・共同性ではなく，個別にこそ公共なるものがあるという主張である。たとえば，優生保護法の下に女性の生殖の自己決定が阻害されてきた歴史

がある。ハンセン病患者や障害者の出産は「不良の子孫の出生を防止する」という目的の下に強い制約を受けてきた。かつてはそれが強い共通の観念であったかもしれないが、それは現代において社会的に支持されるものではない。かつて多数派であった意見も時代を超えて少数となり正当性を失い、逆に少数派であった意見も現代では多数派となり正当性あるものとして取り扱われることは少なくない。

　このように「私」や「少数」の中に公共理性を求める考え方も存在するわけであるが、はたして能動的シティズンシップはどのように理論構成されるべきなのか。能動的シティズンシップの理論は議論が発展途上のものであるが、ここでは3つの問題提起をするにとどめておこう。

　第1に、全体の利益を損なうことは認められていないのではないか、という疑問である。多文化での共生とはいっても、少数派が多数派の社会を侵害することは認められていない。そのような多様性の配慮・多文化の尊重ならば、政治的リベラリズムの考えと多文化主義は変わらないのではないか、シティズンシップの理論は政治的リベラリズムのリバイバルに過ぎないのではないかという理論的な疑問である。

　第2に、現代的な多文化問題はゼロサムの問題ではなく、許容の範囲、限界線・境界線の問題ではないか、という疑問である。周辺化されていた人びとを中心にいた人びとと同じ資格・地位を与えることは難しく、できるだけ同じ水準に近づける努力がおこなわれている。しかしそれは地位・資格の問題とはいえず、シティズンシップ理論が課題としていた資格・地位の共通性・統一性の課題が実現できないのではないか、という問題も残る。そして一級市民と二級市民とを生み出してしまうという批判がでてくるだろう。

　第3に、義務・責任を伴わない権利・権原は認められるのか、という問題である。それは受益と負担の不一致をいかに解消するのか、責任と機能の不一致はどのようにして解消するのか、という保守の立場からの批判にも応答しなければならない。そして前述した資格を拡大したとしても、資格・地位の排除性が本質的に存在するのであれば、必ず排除される者はでてくる。能動的シティ

ズンシップの理想主義を解決する理論構成が求められているわけである。

それでは、具体的にどのような共生のシステムが構築されているのか。そこにおいて、地域ガバナンスはどのように構成されているのか。次に公共施設における共生のあり方について論じることにする。

2. 公共施設における共生

(1) コミュニティにおける協働

コミュニティの機能は人びとを結びつけることにあり、コミュニティの活性化は防犯、教育、福祉、経済など正の外部性をもつ。つまり、コミュニティに人びとが帰属することでコミュニティは結節点の役割を担うことになる。とくにコミュニティセンターなどのコミュニティ施設は住民自治の形成のために機能しているため、住民の自主的な管理運営に委ねられていることが少なくない。たとえば、武蔵野市では市から委嘱を受けたコミュニティ協議会が「自主参加」「自主企画」「自主運営」の自主三原則に基づいてコミュニティセンターを運営している。この社会参加に自治の原点が求められていることが多い。ここではコミュニティセンターにおける協働を中心的に対象として考え、論述する。コミュニティセンターとは地域住民が様々な活動、学習、交流を目的として利用する公共施設であるが、ここではコミュニティセンターの機能を交流型、課題解決型、起業・事業型の3つに区分して説明しておきたい[4]。

第1の交流型とは住民同士の親睦と交流を目的とした活動であり、成果を求めるというよりも活動そのものの過程を楽しむことに意義がある。パソコン教室、囲碁、書道、アレンジフラワー教室、音楽会、映画会、園芸クラブ、カラオケ大会、防災訓練などの企画を月1～2回程度おこない、無理をしない範囲で継続して交流の機会を提供することに目的がある。第2の課題解決型とは、防犯問題、日照権問題、環境浄化対策などまちづくりにおいて解決すべき社会問題を抱えるコミュニティにおいて、しばしば見うけられるタイプである。第3の起業・事業型とはコミセン祭りなどの従来型の企画だけでなく、環境啓発

活動や市民円卓会議などの新しい企画に取り組むタイプである。

　コミュニティセンターはこのような機能を果たしているわけであるが,「おはようございます」「こんにちは」「こんばんは」「どうしました」などの「声かけ」の活動こそコミュニティセンター活動の基本という考え方は重要である。また,コミュニティセンターで市民がコミュニティのあり方やコミュニティセンターの企画について議論をおこなうことの意味は大きい。参加民主主義の観点からすれば,一部の人間に左右されず,コミュニティのあり方を地域住民の議論を通じて自己決定することの営みこそ貴重である。ただし,強制加入を前提とした自治体・町内会の活動と異なる点にコミュニティセンターの意味が見出されることが多かったが,コミュニティセンター運営にも課題は多い。ここでは3つ指摘しておこう。

　第1はボランティアの確保である。町内会・自治会,商店会,大学,PTA,子ども会,青少年問題協議会,防犯協会,社会福祉協議会,老人会,環境ボランティア,地域JA,地元企業など地域団体からの資源調達が成功しているかどうかに運営の成否は左右される。自治体・町内会・商店会との調整がうまくいっていない場合には,人的資源の調達にも困難を伴う。

　第2は利用上の制約である。施設利用者は名前や住所を書かなければならない場合もあるが,かなり自由に利用できる。営利目的,宗教関係の利用,政治目的の利用は制限を課されることもあるが,音楽や演劇の練習のために,地域住民以外の者,とくに大学生などが利用することも妨げていない。ひとつの団体につき予約は2回と制限されることもあり,小学生と中高生の利用時間帯を分けている場合もある。

　第3は地域の設定である。小学校区や中学校区などの区域と一致しているときには地域のまとまりは大きい。しかしそれらの区域と一致していない場合にはまとまりにはより努力が必要となる。区域に都営住宅,公団住宅,民間の団地などがある場合,団地内部に集会所があるために機能が重複してしまうこともある。

(2) 公共施設は誰のものか

「地方自治体の公共施設は誰のものか」という問題に答えるのは難しい。自治体の公有財産である限り,「それは住民のものである」と答えるのが一般的であろう。法的な責任者は自治体の首長ということになる。しかし,このような形式的な回答では意味をなさない。なぜなら,実際の運営でどのような「住民」を想定するのか,によって実際の利用資格は大きく左右されるからである。

第1に,住民とは地方所得税納税者だけを意味しない。個人で住民登録をしていないが法人に所属している,大学の教職員・学生や工場の労働者も含まれるからである。大学や企業が固定資産税を払っている納税者であるため,その構成員である学生や労働者も公共施設の利用者としての資格を与えられる。

第2に,他の住民も公共施設は利用可能である。他の自治体と隣接している地域にあるコミュニティセンターでは,隣接自治体の住民も同じ資格で利用可能である。コミュニティセンターの会議室・運動施設,図書館,美術館,市民ホールなどでは,また隣接自治体の住民でなくても,登録予約日や利用料金などの制約や違いはあれ,他市民でも利用できることは少なくない。

第3に,狭い住民を想定するにしても,その中の具体的な誰を想定するのか,最も多いニーズかバランスいい配慮か,現在のニーズか将来も見据えた配慮か,という問題は残る。たとえば,公立図書館は,特定のブームに基づいた本購入のリクエストにすべて答えることはできない。その結果,人気のある流行本は過度な順番待ちとなり,待たされた人は不満をもつだろう。なぜポピュラーなニーズにすべて応えることができないかというと,資源の制約があり,他のニーズにも応答しなければならないからである。また,小数の利用者や将来の利用者を想定して,公立図書館として備えなければならない本もある。

以上述べてきたように,公共施設の運営は狭く厳格な住民の資格に限定されていないのが現実である。また,受益と負担の関係についても,運営を阻害しない範囲において,「お互いさま」という相互性の精神は運営に反映されている。また最もニーズの大きい大衆の層をあえて想定しない公共施設の運営もお

こなわれ，それが公共施設における高い公共性の確保にもつながっている。

　もちろん自治体の公共施設の存在は，他の施設との相対的な位置関係にも規定されるだろう。民間財団の文化ホールが存在するのに専門家のための文化ホールを建設する意味は少ない。また，都道府県立の図書館や大学の図書館との機能的分担を市区町村立の図書館は求められるだろう。団地の多く存在する地域では団地内に集会機能が確保されているので，コミュニティセンターや公民館の役割も大きく異なるものと思われる。

（3）　地域ガバナンスのあり方

　ここで公共施設を住民が自主的に管理することを行政が推進する理由は，以下の4点に求められている。第1は経費の節約である。人件費と管理費が大幅に低くてすむ。第2は公共施設を有効利用することが増加する点である。利用率の高まりと共に，利用方法が丁寧となる。第3に住民と行政の距離が縮まり，相互理解とコミュニケーションが深まる。第4に行政の総合化であり，コミュニティ施設を中心として，縦割りの行政部門間を関連づけることが可能となる（菊池・江上 1998：44-45）。

　ただし，住民団体が一方的に行政のエージェントとして利用されているというわけではない。住民団体の事務局に市役所の退職者を配置する自治体もあるが，企画や運営での自主性・自発性は最大限尊重されている。また，コミュニティでの決定ルールは多数決原理だけではないことは重要である。なぜなら，多様な価値観や考えをもつ人びとから構成されるコミュニティにおいて，社会的合意形成の原理と方法が話し合いによる合意を前提としていることは，多数決原理から構成されている地域政治の民主主義ルールに加えて，2つの異なる次元のルールが共存していることになるからである。もちろんまちづくりにおいて，行政行為による強制力行使，多数決や3分の2ルールによる合意形成の存在は事業を遂行していく上で欠かせないことである。実際にまちづくりでは多数決以上の合意，つまり地域住民の3分の2の合意が必要とされていることが少なくない。

つぎに注目すべきは，地域住民以外の利用も認められていることである。市内の他のコミュニティ在住者がコミュニティセンターを利用したり担い手となったりすることは可能である。また，他の自治体の住民が公共施設を利用することも可能である。コミュニティセンターの利用では，演劇や音楽の稽古場として大学生たちから利用されることが少なくない。もちろん，このような利用は全体の利用状況を阻害しない限りにおいて認められているわけであるが，施設運営を担っている人びとは「利用者もボランティアとして施設運営にかかわってほしい」という要望も持っている。これは受益と負担が一致していないことが非効率であるということではなく，むしろ自治の営みのためには担い手としての役割を果たすことが望ましいと考えられるからに他ならない。

3. ホームレスとの共生

(1) 貧困と社会的排除

　福祉の歴史は貧困を克服する歴史でもあった。なぜなら，19世紀において貧困に陥ることはほとんど死を意味していたからである。20世紀になって福祉国家の建設がおこなわれ，保険システムによるセーフティネットにより貧困の克服が図られた。ただし，福祉国家が建設された現在においても，貧困が個人の怠惰や能力に起因するものとして考えられることが少なくない。このような考え方を覆した研究としては，ラウントリーの社会調査が重要である。彼はヨーク市で貧困調査をおこない，第1次貧困線と第2次貧困線を設定して，貧困者の実態調査をおこなった。それは貧困調査，社会調査，家族サイクル論の出発点でもあった。彼は最低生活水準の科学的算定をおこない，貧困の原因として個人責任よりも社会責任を強調した点に意義がある。

　「貧困をどう捉えるか」という問題は古くて新しい問題である。福祉国家の建設で死に至る貧困が大幅に克服され，国民の所得水準は向上した。母子家庭，高齢者，障害者，虐待，ホームレスなど新しい貧困問題が浮上してきた。従来の所得という指標ではこれらの貧困は十分把握できない。そのため，所得

から生活資源へ，消費から生活様式まで対象を拡大させる必要があり，絶対的貧困ではなく相対的剥奪という概念がタウンゼントから示された。

さらにヨーロッパにおいては社会的排除（または社会的包摂）の概念が，貧困やホームレスの問題にとどまらず，雇用，教育，住宅，保健，コミュニティなど幅広い領域でしばしば用いられるようになってきた。所得や失業という要素以外の多次元性を重視する点に特質がある。また，それは個人や集団が，アイデンティティの構成要素となる実践や権利から排除されるメカニズム，そして社会的な交流・参加から排除されるメカニズムに焦点をあてる。結果だけでなく過程を重視する点に意義がある。経済社会の変化の構造的なトレンドに関連した現象という意味で構造的な概念規定といえる。

この社会的排除の概念が登場してきた背景には，フランスとEUの政策への反映が存在する。1988年12月フランスにおいて参入最低限所得（RMI）法が制定され，ドロール委員長と第5総局のイニシアティブでEUの政策へアジェンダとして浮上してきた。フランスで生まれて1990年代末からEUの公式文書に登場し，そして1990年代において各国の政策へ採用されていったのである。1992年欧州委員会文書「連帯の欧州をめざして：社会的排除に対する闘いを強め，統合を促す」では，社会的排除を政策の重要な概念として取り扱っている。その後，EUの統計局や社会的保護委員会において，社会的排除に関する指標が開発されるようになった[5]。

「貧困・社会的排除調査」による具体的な指標としては，①十分な所得または資源の欠如（所得の貧困，社会的必需項目の欠如，主観的貧困），」②労働市場からの排除（1人も就労者がいない世帯，学生と退職者は除く），③サービスからの排除（水道，電気，ガス，交通機関，医療，ショッピング，金融サービス，娯楽などのサービスのうち3つ以上が金銭的な理由で使えない），④社会関係からの排除などがあげられている[6]。

しかしながら，概念の曖昧さという問題点は貧困指標として決定的である。中村健吾によると，社会的排除の概念には，一方において所得以外の指標，情報アクセスへの機会不平等，新しい資格や技能を身につける困難など社会的に

剥奪された過程に着目する意義がある。しかし他方において，従来の公的扶助のセーフティネットを縮小して欧州経済の競争力強化のために積極的な労働市場政策に重心を移そうとしていることを考えれば，事後的支援策を低下させる危険性や社会的包摂を労働市場への包摂へと還元させる危険性をもっているという（中村 2003：17-18）。岩田正美によると，社会的排除が参加のみを強調し，社会の根幹にある物質資源の不平等さを覆い隠す危険性があり，従来の所得再分配政策が依然として重要であるという（岩田 2002：29）。

(2) 政策対象としてのホームレス

ホームレスとは，ここでは住居のない状態のひとをさす。

ホームレス発生の原因は個人責任と社会責任の両方に存在する。しかも，その両方が区別できず，個人の価値観に左右される点に問題の難しさがある。たとえば，個人の責任を問えば，それは病気，家族問題，アルコール依存，多重債務など様々な能力と意思の問題があげられるだろう。社会の責任を問うならば，経済不況，産業構造の変化，麻薬問題，精神病院の廃止などが考えられる。しかし重度のアルコール依存症者が個人の意思で克服できるかというと，それは難しい。また麻薬問題がすべて社会の病理に帰するのかどうかは，議論のあるところだろう。

ただし，日本のホームレスの発生は他国と異なり，経済的要因によるものが大きい。ホームレスに対して，怠惰，怠け者，自由享楽者であるという指摘もあるが，それはホームレスの実態とは異なり，偏見にすぎない。2003年に厚生労働省が実施した全国調査によると，ホームレスの数は２万5296人，大阪市，東京23区，名古屋市，川崎市，京都市，福岡市，横浜市，北九州市の順に多い，都市公園，河川，道路に多くが居住しており，その年齢は50代半ばであり，約65％が廃品回収などの仕事をして１〜５万円の収入を得ている。ホームレスになる前の職業は，建設関係が55％である[7]。

「就労を望むが働く場所がほとんどない」という労働市場からの排除が第１に存在し，「継続的に生活できる住まいが欲しいが収入や仕事が制約となって

手に入れることができない」という住居からの排除が第2に存在する。自立的に仕事と住まいを確保できない人びとに対しては、政府が介入することが必要であろう。それゆえ公共サービスとしては、仕事と住まいのサービスが提供されるべきである。

諸外国のホームレス対策としては、シェルター・臨時宿泊所の提供、医療サービスの提供、恒久的住宅の確保、食事の提供、金銭給付、専門家によるカウンセリングなどがおこなわれている。そして一定の成果を挙げている国では、中央政府の強いリーダーシップが発揮されている。日本のホームレス対策としては、自立支援センターでの就労支援、緊急一時保護センターでの住居・食事の提供などがおこなわれている。とくに東京都では、ホームレス地域生活移行支援事業として、2年間の限定した期間ではあるが、借り上げ住宅（アパート）を低価格で提供して就労支援をおこなっている。これによって他の地域と異なり、ホームレスの数は減少している[8]。ただし問題点も多い。

第1の問題点は、仕事に関しては政策効果が難しい点である。すべてのホームレスに常勤の就労が可能なわけではない。また可能であっても仕事が見つかる人はごく一部である。都立墓地の清掃など「半福祉・半就労」の仕事を拡大する必要がある。

第2に管轄する政府レベルの確定は難しい。国、都道府県、区市町村のどこが責任を持つべきか、という問題に解決策を見出すことはできない。ホームレスの発生原因が経済要因、とくに景気変動要因であるならば、それは中央政府が管轄すべき範域であろう。所得再分配機能は中央政府がおこなってこそ、効率的に機能しうる[9]。

(3) 地域住民との共生

地方自治法第10条によると、住民とは「その市町村の区域内に住所を有する者」をさし、個人だけでなく、法人、外国人も含まれる。住所とは民法第21条では自然人については生活の根拠をもって住所とするとしている。しかしながら、法人や外国人には、住民としての権利義務が一部制限されている。しかし

ながら，はたしてホームレスは住民なのか。公共サービスの対象としての資格をもつのか。

　大阪市北区の公園でテント生活をしている路上生活者が公園を住所と認めないのは不当だとして北区を相手に転居届けの不受理処分の取消しを求めた行政訴訟の判決が2006年1月28日大阪地裁から出された。原告のテントは生活の根拠としての実態を備えており，住民基本台帳法でいう住所にあたる，という判決である。

　ただし，住所が認められたとしても，そのことから直ちに公園の「不法」占拠が「適法」占拠と認められるわけではない。しかも，公園の住所が認められたからといって，その他の社会的地位が直ちに法的に正当と認められるわけではない。公共サービスといっても多種多様であり，個別のサービスごとにホームレスにその資格があるかどうかを検討すべきであろう。もちろん憲法第14条「法の下の平等」に照らし合わせて，住民への資格付与は平等であるべきであろう。同じ住民としても，不合理な差別は認められず，合理的な根拠に基づく区別でしか認められないことになる。その区別は権利義務関係の均衡が著しく崩れた場合となるが，その具体的な確定は難しい[10]。

　第1に生活保護法の解釈の問題である。生活保護法第19条には「現在地保護」の規定があり，「居住地がないか，又は明らかでない要保護者であって，その管理に属する福祉事務所の所管区域に現在地を有するもの」に対して，保護の決定・実施をおこなわなければならない，とされている。この規定を積極的に解釈して簡易宿泊所の居住する人びとに生活保護法を適用する自治体もあれば，簡易宿泊所が旅館業法の適用になるために住民ではなく旅人として解釈して生活保護法を適用しない自治体もある。

　第2は住民と基礎自治体の保守的思潮にどう説明責任を果たすのかという問題である。納税者の立場からホームレスへ批判的に見解があることは認めざるをえない。勤労の精神を尊重することは正しいし，財政危機の状況で受益と負担が一致しないホームレスの存在を外部不経済とみなす地元住民や自治体職員もいると思う。権利義務関係が成立しにくく，しかも受益と負担が一致しない

性質のホームレス問題は，基礎自治体で解決しにくく，住民との共生が成立しにくい存在であることも理解しておかなければならない[11]。

おわりに

　本章では差異とシティズンシップの理論について論述した後，公共施設とホームレスを対象として地域ガバナンスのあり方を模索してきた。国民という資格がきわめて厳格な運用がされているのに対して，住民という資格が必ずしも厳格な用いられ方をしていないことを示してきた。排除と包摂，分離と共存，共生と統合の狭間の中で，それぞれの分野であるべき姿が模索されているように思う。本稿の論述を終えるにあたって，最後に市民社会と市民の役割について触れておきたい。

　人口構成が大きく変化し，成熟化した社会においては，与える福祉から自ら築く福祉へと現代社会が変化している。そのような社会において，市民は受動的な存在ではなく能動的な役割を担わなければならなくなってきている。古代ギリシアの都市国家における市民とは，労働をしない政治人が公共の形成にかかわる姿を示していた。しかしそれは現代において市民や民主主義の理想型ではあっても，現実の姿として認識されることはほとんどない。しかも，立場によってその理想型はきわめて多様である。たとえば，保守の立場からは，福祉国家の介入が市民社会の自主性を阻害し，市民の徳を侵害しているとみなされている。リベラルの立場からは，いまだ経済的不平等が解決されておらず，市民の徳性を発揮できていないと考えられている。フェミニズムの立場からは，ジェンダー，エスニシティ，障害などに関する伝統的地位構造が能動的シティズンシップを侵害していると強く信じられている。

　つまり現代の市民社会においては，経済人モデル（功利主義）でもなく，政治人モデル（義務論）でもない「市民」のアイデンティティが問われており，受動的市民から能動的市民へ市民像をいかに再構築すべきかが大きな課題となっている。共生がコミュニティへの帰属意識から始まるものである限り，異

なる文化・価値・意識・アイデンティティをもつ人びとがコミュニティという媒介を通じて結びつきをいかにもつかが重要であろう。その意味でコミュニティ政策は市民社会の形成に大きな意味をもつし，現代において差異を意識しない民主主義の制度や公共政策は意味を成さない。少数派が民主主義，公共政策，政治制度を信頼して支持するようにその障壁や排除の構造を撤廃することが，社会の連帯を強化し，政治的安定の促進につながる。また多様性や多元性の存在は「気づき」の教育効果を生み，個人の潜在能力を高めることにつながる。

たしかに，共生が差異を認めながら自由と平等をめざす営みとはいえ，その具体的な実現は難しい。同質的集団よりも差異の大きい集団の方が社会的リスクは大きいだろう。しかし，リスクを危険と考えずに生きていく上でのチャンスと考え，コミュニティの人間関係が多様性と複数性の価値を尊重する中で互いに刺激を受け，そして影響しあう関係であることは重要である。共生のコストは一定範囲においては社会の発展の埋没費用として許容される。同質的集団の中に埋没することなく，隣人との共生を考えることから，新しい民主主義の息吹が生まれてくるものだと思う[12]。

1) ここで共生とは日常用語でしばしば用いられる調和や協調を意味するのではないし，生態学の均衡を意味する共棲を意味しているわけではない。ここでは井上達夫らが言う「共生」の意味にしたがって議論していきたい。井上によると，共生とは「異質なものに開かれた社会的結合様式」を意味している。井上・名和田・桂木（1992：22-25）を参照のこと。
2) 小林良二によると，1960年代以前のマーシャルの論調は，新しい市民権が受入れ可能な不平等である点に力点がある，という。小林（1979：46）を参照のこと。以下，能動的シティズンシップと多文化主義の理論については，W・キムリッカ（2005）を参照した。
3) ロールズについては，ロールズ（1979），田中（1994），川本（1995；1997）を参考にされたい。政治的リベラリズムに対して共同体主義とは，共同体に個人が拘束され，その範囲で自由が享受されると考える。そして多文化主義とは多様な文化・言語の尊重と承認をめざす主義・思想・政策として理解される。政治的リベラリズムとの違いは，「平等」「自尊」「市民性」という価値を尊重して最大限個人の自由

を認めるのか，さらに個別化（深化）を図ることを容認するのか，という違いにすぎないのかもしれない。

4) このコミュニティセンターの活動については，著者がコミュニティセンターの第三者評価の活動に加わった経験に基づく。武智（2004）を参照されたい。以下の論述は，武蔵野市（2004 a；2004 b）を参照した。

5) 以下，EUの取組みについては，中村（2002）を参照した。

6) 社会関係からの排除とは，「社会的に必要とされる社交活動のうち，いくつかが欠落している」「友人または家族とのコミュニケーションが日々ない（孤立）」「寝込んだとき，力仕事が必要なときなど身体的サポート，悩み事などがあるときの心理的サポートなど七つのサポート項目のうち四つ以上が欠けている（サポートの欠如）」「選挙など市民活動の欠如」「社交活動に何らかの理由により参加することができない（金銭的理由，交通手段へのアクセスの欠如，仕事・育児などの理由を含む」を意味する。具体的な指標については，阿部（2002：71）を参照されたい。

7) 厚生労働省が平成15年1月～2月におこなった調査結果，『ホームレスの実態に関する全国調査報告書』については，厚生労働省ＨＰを参照されたい。http://www.mhlw.go.jp/houdou/2003/03/h0326-5.html

8) 東京都の対策については，東京都『ホームレスの自立支援等に関する東京都実施計画』平成16年7月，を参照されたい。

9) 再分配政策において自治体の政策が必ずしも効率的ではないことについては，武智（2001：121-123）で指摘した。

10) ホームレスよりも外国人の資格をどのように付与すべきはさらに難しい。法務省入国管理局「外国人登録者統計」によると，平成16年に197万3747人の外国人が合法的に日本に滞在している。外国人に対しては言語サービスや生活相談などのサービスが地方自治体やその外郭団体から提供されている。新宿区では住民の1割が外国人となっており，無視できない存在となっている。少数者に対する配慮というリベラルな考えに基づくものなのか，多文化共生に基づく同資格者への援助義務なのか，それとも政策実施上の効果・効率を考えた抱え込みなのかは，判別できない。

11) この住民と基礎自治体の保守的思潮については，かつて指摘したことがある。武智（2001：124-126）を参照のこと。

12) 新約聖書ルカによる福音書十章「よきサマリア人」の話は隣人愛の理想を示したものとして有名である。「心を尽くし，思いを尽くし，力を尽くし，知性を尽くして，あなたの神である主を愛せよ」「あなたの隣人をあなた自身のように愛せよ」という言葉はキリスト者でなくても知っているものであろう。「追いはぎにあった人の隣人とは誰か」というイエスの質問に対して，律法学者は祭司でもレビ人でもなく，介抱をしてくれたサマリア人が隣人であると答えたのである。当時のサマリア人はユダヤ人と異邦人の混血の人びとであり，外国の神を偶像崇拝していた。そ

のため，ユダヤ人たちは差別の対象としてサマリア人たちをみていた。福音書は律法の命令を越えた隣人愛を示しているのである。さらに福音書は姉マルタと妹マリアの話に移る。姉マルタはイエスの世話で忙しかったにもかかわらず，妹マリヤはイエスの話しばかり聞いていた。そのため，マルタはイエスにマリヤを手伝わせるよう願うと，イエスは次のように述べた。「マルタ，マルタ，あなたは多くのことに思い悩み，心を乱している。しかし，必要なことはただ１つだけである。マリヤは良い方を選んだ。それは取りあげてはいけない」と。隣人を愛せるかどうか，私たちも神に試されているのかもしれない。

第7章　参加とデモクラシー

はじめに

　従来から審議会は専門知識を動員する空間として期待されつつも，行政の隠れ蓑として，そして利害調整の機能を果たしている場所として，批判的に論じられてきた。しかしながら近年その機能は変化し，一部は参加デモクラシーの空間として機能しているものもある。その背景はどのようなものであろうか。参加の機会を提供する審議会はどのような機能を果たしているのであろうか。国と地方ではどのような共通点と差異点があるのか。そこで市民と専門家はどのような役割を果たしているのか。このような関心から，本章は審議会における市民と専門家の役割について論じることを目的としている。

　まず本章では，審議会の機能を概観した後に，専門家の加わる政策決定を4つに区分して説明する。さらに，審議会の機能変化の契機を1980年代以降における政策決定のデッドロックに求め，その変化の背景と実態を分析する。その機能を類型化し，国と地方の共通点と異質点を説明する。そして審議会における専門家の役割，市民の役割をそれぞれ検討し，具体的な審議会の検討事項についても検討する。最後に参加デモクラシーのあり方について模索したい。

1. 審議会の機能

(1) 審議会の役割

　国の場合，狭義の審議会は国家行政組織法第8条等に基づいて法律または政令で定められた合議制の機関である。法律や政令に基づかない懇談会・研究会

も存在するが，ここでは設置根拠は別として，共に総じて「審議会」という名称で論じることにする。審議会は原則として決定権を持っているわけではなく，諮問に対して答申をおこなうが，その答申を官庁が採用することを強制する権限はない。あくまでも審議することに主たる目的が存在するのである。従来から行政学においても，審議会の役割は，民意の反映，利害調整，専門知識の確保，の3点に求められることが多かった[1]。

岡部史郎も同様に，審議会の機能を，行政への国民の直接的参加（行政の民主化），各種行政の総合調整，行政の専門化に求めているが，その中でも審議会の主たる機能を専門知識または国民的合意（コンセンサス）を供給することに求めている。ここで，第1の機能として上げられている参加とは，審議会を通じて民意を広く行政へ反映させることである。それは，「当局が，方針や政策について，これを法律案として議会に提出する前に，あるいは，これを許認可の行政処分として発令する前に，さらには，予算の裏づけを得る前に，いわば，国民のコンセンサス（同意）をもってこれを基礎づけるために，審議会を活用するということになる」（岡部 1969：9）。しかしながら，委員の人選は行政がおこなうのであるから，実情としては行政に「権威によるコンセンサス」を供給する手段として用いられているというのである。行政機関は専門知識というより，永年の伝統と慣例のかたまりに過ぎないと指摘し，審議会の存在理由を権威に求めている（岡部 1969：10）。

（2） 権威づけとしての審議会

行政の権威づけという機能について，阿部斉は審議会の歴史的推移を検討した後に，戦後審議会制度が普及した背景には「官僚制の権威の低下があり，官僚の決定に中立的な学識経験者による追認という権威づけを行うことであった」という。そして審議会に調整的機能が高まるにつれ，権威づけとして審議会を用いることが困難になることを指摘している（阿部 1978：13-14）。

さらに，新藤宗幸は行政主導の審議会運営をもたらす要因を，審議会委員の人選に求めている。また，審議会の自主的活動を保証する事務局が設けられて

いない答申作成システムにも,行政主導の要因を求めている(新藤 1978：17)。
　もともと組織が専門能力を動員する条件の考察としては,ウィレンスキーの研究が有名である。ウィレンスキーによると,公式組織がインテリジェンス機能に配分する人的資源,時間,金を規定する決定要因は4つあるという。第1は外部環境との対立・競合の程度,第2は内部のサポートと統一性への依存の程度,第3は組織内部の事業や外部環境が合理的であると信じられている程度,第4は組織の規模と構造,成員の同質性や目標の多様性,権限の集権度である(Wilensky 1967：10)。
　本来ならば議会で審議をおこない,政策決定をおこなうべきであるが,議会で専門能力を動員することは難しい。政治の正当化根拠を欠く審議会構成員が実質的に政策決定へ関わることについて,議会との機能重複の問題がここに浮上する。審議会が新議会といわれるゆえんもここにある(手島1991：141-144)。
　ところで,「社会集団の政治的機能」という論文の中で辻清明は,国民意思を媒介・代表する機能において政党が相対的に地位低下し,利益集団が台頭している実態を検討している(辻 1950：3-66)。さらに行政国家の帰結として,政策決定の中心が立法部から行政部へと移行するにつれて,利益集団の圧力活動も行政部へ集中した。その結果,行政機関における利害調整の空間として審議会は利害の調整と伝達という重要な機能を果たすようになってきた。20世紀において,行政は集団的利益を配分するメカニズムとして存在するようになったのである。行政機関における集団諸利益の調整は不可避であり,集団利益が果たす役割は国によって異なるとはいえ,その調整の手段・空間として審議会を活用することは共通のことである(阿部 1976：36-37)[2]。

2. 審議会と政策決定

(1) 審議会の類型

　審議会が利害調整の空間として機能しているとはいっても,審議会の中で専門家の果たしている役割は国によって異なるのも事実である。レンは政策決定

表7-1　政策決定スタイルの特徴

スタイル	特徴	科学者の専門家としての役割
対抗型	専門家や公衆の監視に開かれている 政策選択に科学的妥当性を求める 精確な手続きルール 創出された証拠への方向づけ	科学的証拠と実践知識を主として強調 公式なルールを通じて対抗の立場を統合（デュー・プロセス） 科学者から個人的な判断・意見は強調しない 方法論上の客観性という主張に依存
信託型	「パトロン」の閉じた集団 公衆の統制ではなく公衆への投入 手続きルールはない システムで創出された信念へ方向づけ	啓蒙と背景知識の強調 制度化された内部専門知識への強い依存 官僚制の効率性に基礎をおく 個人の関係に条件依存
合意型	「クラブ」のメンバーに開かれている 密室での交渉 臨機応変な手続きルール クラブで創出された連帯への方向づけ	（科学的な）世評を強調 専門知識による判断（または非科学的知識）へ強く依存 前向きな態度が強調 社会的地位や政治的立場に条件依存
利益代表型	利益集団と専門知識へ開かれている 公共統制に限界はあるが可視性は高い 交渉の外にある厳格な手続きルール 意思決定体の継続した信頼への方向づけ	専門知識の判断と政治の分別を強調 専門知識の公平性へ強く依存 科学的に決定された範囲内での交渉による統合 科学共同体内での上位地位に依存

出典：Renn, Ortwin (1995), Style of Using Scientific Enterprise: A Comparative Framework, Science and Public Policy, 22(3), p.151.

領域には試行錯誤型に代わって科学専門知識が必要であることを主張し，統治スタイルを4つに分類している。ここではレンにしたがって4つのタイプを概説しておこう[3]。

　第1は「対抗型 adversarial」である。そのタイプはアメリカでよく見られ，重要な政策領域において社会的・政治的影響力を行使しようと様々なアクターが競合するオープンなフォーラムによって特徴づけられる。科学者は科学的証

拠を用いて自らの地位を支える。政策決定者が公式な証拠にこだわるのは、科学知識を十分用いなかったり不注意に取り扱ったりしたことで、社会集団によって批判を受ける可能性があるからである。競合する要求はデュー・プロセスを通じて統合される。科学諮問委員会は、政策決定者が競合する証拠の主張を評価し最終的な政策選択を正当化するのを助ける。すべての議論は公共の精査（情報公開）をうけ、議論と反対論を調和させる過程は外部の人に見えるようにする。諮問委員は科学者たちの推薦と名声に基づいて選出される。

　第2は「信託型 fiduciary」である。意思決定過程は「共通善」を行動の指針とするよう義務づけられたパトロン集団に限定される。公共の精査と影響を受ける公衆の関与はこのアプローチに適さない。公衆は、パトロンに対して入力を提供し、パトロンのために議論を提供するが、交渉ないし政策形成過程の一部であることは認められない。政策決定の外部にいる科学者たちは、パトロンの裁量内でコンサルタントとして活用される。主要な役割は啓蒙や背景となる情報の提供である。道具としての知識は通常パトロンのスタッフによって一般化される。そのシステムは、意思決定過程に関わるパトロンの能力と正義感の中で創出された信念に依存している。委員は国内の名声や個人の団体所属に従って選出される。

　第3は「合意型 consensual」である。このタイプは日本でよくみられ、密室で交渉する影響力あるアクターによって形成された閉ざされたサークルに基づいている。社会集団と科学者たちは共に仕事をしながら、あらかじめ決められた目標に到達しようとする。論争が存在するわけではなく、公式な交渉がおこなわれる前に一対一で話し合いがもたれて対立を調和させる。交渉の目的は、最も利用される証拠と各アクターが示す様々な社会的利害関心とを結びつけることである。いったん妥協が成立すると、アクターたちは、サークル内の妥協として公開された解決策を擁護する。論争となる争点は公衆の目にはさらされない。意思決定過程の合意形成構造（すべてが合意されている）へ委ねられることで、そして影響を受ける人との連帯を要請することで、最終決定は正当化される。論証のルールは柔軟に解釈される。参加アクターは自らの専門能力

を発揮して政策過程の中で唱道者としての役割を演じる場合もあれば，参加集団すべてに尊重されて相互に容認された（中立的な）専門家を招くこともある。これら独立した科学者たちは妥協の形成で大きな力を発揮し，証拠を提供することだけに限定されない。

　第4の「利益代表型 corporatist」はヨーロッパ大陸で見られるものであり，合意型をより公式化したものである。著名な専門家が招かれて，社会の主要な勢力を代表する政策決定者たちの集団と共に活動をおこなう。政策決定者たちは雇用主，労働組合，教会，専門職能団体，環境保護家のような団体から注意深く選ばれた人たちである。招かれた専門家たちは専門的な判断を求められるが，必ずしもその主張の証拠を示すことを要求されるわけではない。そのシステムは科学者たちの専門技能に信頼を置いたものであることが前提であり，その能力を示すことは強要されない。議論は論争を呼ぶものであり，時には集団間でお互い敵対することもある。合意はしばしば権力構造や公共への圧力を反映するものになりがちである。

　しかしながら，この「クラブ」の科学者たちは構成員として完全無欠の機能を果たす。データベースに貢献するだけでなく，政策の明文化にも寄与する。科学者たちは均等的な割り当てでしばしば選出される。各団体は1人ないしは2人の専門家を指名する。その人たちは団体が信頼するに値する人びとであり，自らの利害関心に近い人びとから構成される。すべての団体は他の団体から選出された候補者を拒否する権利をもつが，候補者の選定は団体間の交渉によって決まる。この過程を通じて選出された専門家は関連団体のラディカルな見解を示すことは少なく，穏健な立場を取ることが多い。

3. 審議会政治の変化

(1) 審議会政治

　すでに述べてきたように，審議会の機能としては，権威づけ機能，行政の隠れ蓑機能，利害調整機能，利害代表機能，利害団体への情報提供機能，討議と

審議による論点提示機能，地域代表の原理を補完する職能代表制の機能などが指摘されてきた。

1980年代中曽根政権期に，審議会は政策決定で大きな役割を果たした。一方において，曽根泰教 (1986) は中曽根政権において政策転換をはかる手法として，政策形成で大きな役割を果たす「臨調」方式の審議会が用いられていることを指摘した[4]。また新藤宗幸 (1990) は執行権強化のために審議会を決定の場として利用する政治装置を「審議会政治」と呼び，それを1980年代政治のシンボルとみている。

他方で，辻中豊 (1985a；1985b) は私的諮問機関を「戦略型」「特殊クライエント型」「社会変容型」に区分し，特にハイテク・ソフト化，国際化，ゼロ・サム化に対応した「社会変容型」の急増に1975年以降の社会転換の帰結を見いだしている。議会とは異なる「媒介領域」としての私的諮問機関に注目しながら，その現象が中曽根内閣に付随するものというよりも，より長期的な現象として理解している[5]。

1990年代においても，審議会が執行権強化のための政治利用が継続され，利益代表の場として機能してきたことは従来から連続している点である。専門家というインテリジェンスの動員が継続している点も変わらない。その例として，経済財政諮問会議や地方分権推進委員会など枚挙にいとまはない。その意味で，審議会政治は継続しているとみてよい。しかしながら1990年代において一部の審議会は大きな機能不全に陥った。たとえば，厚生省における審議会は答申における両論併記や審議未了が相次ぎ，調整不可能な審議会の姿を示した。また官僚制の腐敗も継続して批判され，不祥事が相次いでいる[6]。行政責任のあり方についても，国民への説明責任が強く求められるようになってきた。審議会の変化した点を指摘しておこう。

（2） 審議会の変化

第1は審議会内部の変化である。まず審議会，委員会，私的懇談会，私的研究会などの統合や大括り化が実施された。中央省庁等改革推進本部「中央省庁

表7－2　国の審議会等一覧

計108　（平成17年4月1日）	総務省独立行政法人評価委員会
	恩給審査会
（内閣府）（15）	政策評価・独立行政法人評価委員会
国民生活審議会	情報通信審議会
民間資金等活用事業推進委員会	郵政行政審議会
食品安全委員会	統計審議会
内閣府独立行政法人評価委員会	
原子力委員会	（消防庁）（1）
原子力安全委員会	消防審議会
地方制度調査会	
選挙制度審議会	（法務省）（5）
衆議院議員選挙区画定審議会	司法試験委員会
国会等移転審議会	検察官適格審査会
情報公開・個人情報保護審査会	中央更生保護審査会
沖縄振興審議会	法制審議会
道路関係四公団民営化推進委員会	検察官・公証人特別任用等審査会
規制改革・民間開放推進会議	
税制調査会	（外務省）（3）
	外務省独立行政法人評価委員会
（防衛庁）（4）	外務人事審議会
自衛隊員倫理審査会	海外交流審議会
防衛施設中央審議会	
防衛人事審議会	（財務省）（4）
防衛調達審議会	財務制度等審議会
	関税・外国為替等審議会
（金融庁）（6）	財務省独立行政法人評価委員会
金融審議会	関税等不服審査会
証券取引等監視委員会	
自動車損害賠償責任保険審議会	（国税庁）（1）
公認会計士・監査審査会	国税審議会
企業会計審議会	
金融機能強化審査会	（文部科学省）（9）
	科学技術・学術審議会
（総務省）（10）	宇宙開発委員会
地方財政審議会	国立大学法人評価委員会
国地方係争処理委員会	放射線審議会
電気通信事業紛争処理委員会	文部科学省独立行政法人評価委員会
電波監理審議会	中央教育審議会

第7章　参加とデモクラシー　145

教科用図書検定調査審議会
大学設置・学校法人審議会
原子力損害賠償紛争審査会

　（文化庁）（2）
文化審議会
宗教法人審議会

　（厚生労働省）（12）
社会保障審議会
厚生科学審議会
労働政策審議会
医道審議会
薬事・食品衛生審議会
厚生労働省独立行政法人評価委員会
中央最低賃金審議会
労働保険審査会
中央社会保険医療協議会
社会保険審査会
疾病・障害認定審査会
援護審査会

　（農林水産省）（6）
食料・農業・農村政策審議会
農林水産省独立行政法人評価委員会
農林物資規格調査会
農林資材審議会
獣医事審議会
農林漁業保険審査会

　（林野庁）（1）
林政審議会

　（水産庁）（1）
水産政策審議会

　（経済産業省）（7）
産業構造審議会

消費経済審議会
日本工業標準調査会
計量行政審議会
経済産業省独立行政法人評価委員会
輸出入取引審議会
化学物質審議会

　（資源エネルギー庁）（1）
総合資源エネルギー調査会

　（特許庁）（1）
工業所有権審議会

　（中小企業庁）（1）
中小企業政策審議会

　（国土交通省）（13）
国土審議会
社会資本整備審議会
交通政策審議会
運輸審議会
中央建設工事紛争審査会
中央建設業審議会
土地鑑定委員会
国土開発幹線自動車道建設会議
中央建築士審査会
航空・鉄道事故調査委員会
国土交通省独立行政法人評価委員会
奄美群島振興開発審議会
小笠原諸島振興開発審議会

　（環境省）（5）
中央環境審議会
公害健康被害補償不服審査会
有明海・八代海総合調査評価委員会
環境省独立行政法人評価委員会
臨時水俣病認定審査会

等改革に係る大綱」（平成11年1月26日）で審議会について整理統合がはかられた。表7-2のように，300近くあった審議会は2005年4月1日現在では108に減少している。しかしながら，審議会の中に専門部会や分科会を置く形態は一般化しているし，懇談会や研究会は現在でも継続している。つぎに審議会の委員構成がより多元化・多様化した。女性の構成比率を30％にすることが目標とされ，2006年3月には40％が目標とされた。医療や環境関連の審議会においては，患者団体やNGOの代表が審議会構成員になることも増えてきた。

第2は審議会の代替としての機能であり，国民の意見を徴収する新たな手法が開拓されたことである。その代表はパブリック・コメントの制度であろう。1997年12月3日の行政改革会議最終報告において，「各省が基本的な政策の立案等を行うに当たって，政策等の趣旨，原案等を公表し，専門家，利害関係人その他広く国民から意見を求め，これを考慮しながら最終的な意思決定を行う，いわゆるパブリック・コメント制度の導入を図るべきである」とした。その後，中央省庁等改革基本法第50条第2項において，その仕組みの活用と整備を図ることとされた。意見の徴収とコミュニケーション経路の拡大・多様化はパブリック・コメントの手法にとどまらず，タウンミーティング，ワークショップ，パブリック・インボルブメント，コンセンサス会議など多岐にわたって導入されている。

これら2つの変化について，形式的な変化にすぎず，行政の取り込みではないか，と批判することはたやすい。たしかに，結果として議論の場に入ることで生産的な提案を求められることもあるかもしれない。コストを考えれば，多様性への配慮にも限界があるだろう。しかしながら，政策決定の場と国民との経路が多元化・多様化したことの意義は大きい。これら多様性への配慮という変化の背景には，官邸主導と情報公開の2つがある。

橋本行革において内閣官房と内閣府が設立され，官邸主導の政策決定が試行されてきた。とくに小泉政権の下でそれは顕著な傾向にあった。専門能力の動員と既得権の打破のための動員として，審議会は積極的に活用された。そこにおいて，専門家は課題設定や政策決定へ大いに関与することになる。前述した

ように，これは連続した傾向である[7]。

　もうひとつの背景は，情報公開の度合いが高まってきたことである。情報公開法の制定や審議会記録の公開など情報を公開する傾向は，ミクロ的に説明責任の相対的な浸透を促した。政策決定において基準を国民への説明可能性に求めることが一般的となってきたのである。このことはミクロレベルの政策決定を大きく変化させた。連立政権で政策決定が可視化したこと，腐敗への批判や情報公開法の制定などで，政策決定の公開度が高まったことの政策決定構造への影響は大きい。これは変化した傾向である[8]。

（3）　自治体の審議会

　以上の論述は国レベルの継続と変化の傾向であるが，つぎに自治体レベルにおける審議会の役割を国との対比で説明しておこう。地方自治体においても，条例に基づいて審議会が設置されているが，基本的に民意の反映，利害調整，専門知識の確保という役割を担っている点は国と共通した特徴である。また，女性，障害者，環境保護活動家，ボランティアなど当事者やマイノリティに参加を促したり，利害関係者を参加させたりする傾向，つまり多様性・多元性への配慮義務は同じ傾向にある。既得権益打破のために審議会や市民参加が活用され，第三者の動員がおこなわれることも共通している。専門家の積極的なコミットメント，専門家の役割が鍵であり，その背景に政治的リーダーシップの存在がある。また財政危機のために，参加を動員することで行政コストを軽減したいという意図，アイデアを国民から確保したいという意図は，国・地方共に共通したものであった。

　しかしながら，政策決定への直接参加は限定的であり，審議会が政策決定で万能な手段としてすべての局面において機能しているわけではない。これは諮問機関としての制度的限界でもある。コストの制約のため，参加の機会がすべての政策決定で保証されていることはない。パブリック・コメントであれ，パブリック・インボルブメントであれ，意見を取り込むかどうかは行政の裁量にゆだねられている。参加といっても，それは意見を徴収するためのものであ

り，権限を付与するレベルとはいえない場合が少なくない。つまり，国であれ地方であれ，参加の制度装置には量的にも質的にも限界がある。

ただし，国と地方で決定的に違う点は，熟議民主主義の実践機能が地方自治体でより大きいという点である。地方自治体は国と比較して相対的に住民との距離が近いため，住民が決定の場へ参加する機会が多い。そのため，討議のコストをかけることがより可能である[9]。社会参加の度合いについては，国の場合は限定的であり，自治体の場合は社会参加が拡散・拡大する傾向にある。委員の選定についても，国の場合は委員の調達先は大学教員，利益団体，元官僚であることが多いが，自治体の場合は公募委員方式によって一般市民を審議会委員とする場合も増えてきた[10]。参加の手法と経路については，国よりも自治体の方がより多様化しており，議会の役割については，国が議論と妥協の場となる可能性があるのに対して，自治体議会は実質的に拒否権プレーヤーとしての役割でしかない。審議会においても，議会の代替機能は自治体でより大きいことになる。

4. 専門家と市民の役割

（1） 専門家と利害関係者

それでは，専門家や市民はどのような役割を担えばよいのか。それらの異なる役割，異なる存在理由について考えてみよう。

一般的に専門家に期待されるのは，前述したように専門知識に関するものであろう。審議会を構成する委員を選抜する際のタイプとして「学識経験者」という名称がしばしば用いられるが，そこにおいては総合的視野，アイデア，中立性，見識というものが問われている。それに対して利害関係者は，特定利害の主張，特定専門知識の深さ，内部事情の精通という点で他の構成員とは特色を異にする。専門家が公衆とは異質性を有するのに対し，一般市民は公衆との同質性に存在理由がある。地方自治体の場合は公募市民が募られる場合があるが，そこでは準専門知識，地域知，素人の本質（既存のものにすれていないこと）

が他の委員とは異なる特色だろう[11]。行政機関は，資源調達の実現可能性，スケジュール管理，過去の経緯と慣例への精通，執務知識が存在理由となる。

西尾勝は地方分権推進委員会などの経験を基にして，審議会における学識経験者委員の責任を3つに求めている。第1に真摯な審議を求め事実認識に関して正確さと客観さが求められること，第2に特定の利益団体から自由な立場であり一般意思を代弁し福祉の向上に努めること，第3に設置者・任命権者に対してその諮問の趣旨から逸脱しない範囲で審議すること，を特色としている（西尾2001：116）。

専門家が審議会に参加するメリットは，説明可能性が高まること，枠組み提示により実態の理解が進むこと，専門知識や外国の事例が示されることが多くなること，にある。専門家は言葉を精査して，一般市民にもわかりやすく説明する専門人としての社会的義務を負う。そこにおいて，専門用語によるウソ・ゴマカシは通用しないので，逆に言えば専門家としての社会的適応能力が試されることになる。専門家が参加するデメリットは，コストが大きくなること，非現実的となる可能性が高まること，専門家への依存が強まると参加が地域に根づかなくなること，であろう。

利害関係者が参加するメリットとしては，提案が現実的になること，当事者間の教育的効果が高まることがあり，デメリットとしては，主観的な意見に終始すること，利害調整が難しくなること，があげられる。

(2) 能動的市民の可能性

専門家や利害関係者は，様々なインテリジェンスを動員することを期待されているわけであるが，市民も専門知識を持ち合わせていないわけではない。一般市民といっても，それは会社の社長であり，公認会計士や税理士であり，都市計画の専門家であり，高校の教師であり，元公務員であり，NPOやNGOの活動家でもある。いわば準専門家と呼ばれる人びとから構成されているのである。また，地域知や経験知と呼ばれるものに対しても，大学教員よりも精通しているのが常である。

それでは,現代社会において能動的市民の可能性はあるのか。かつてのアテネの都市国家における市民は,労働はせず,議論をする公民(政治人)であり,市民としての徳を兼ね備えていた。しかし,そのシステムは,労働をおこなっている多くの二級市民や奴隷の存在があってのことである。その成立条件は厳しい。

能動的市民の社会的要請は,供給側の要因として,現代の財政危機において行政の範囲が縮小し,地域・家庭・市民への負担が拡大していることに契機を発している。需要側の要因としては,社会参加による自己実現,行政に対する不信と監視の拡大,市場と政府の隙間を埋める社会的必要性などになる。現在市民の義務としては,投票,納税,初等中等教育 裁判員制度,コミュニティ・サービス,ゴミの分別,虐待の通報などがある。その責務は拡大する傾向にあるが,これ以上に責務の拡大は可能なのであろうか。

責務の拡大は社会的コストを拡大し,政策実施の実現可能性が低下する可能性を秘めている。しかし参加は教育的効果からすれば,政策の浸透可能性を秘めていることになる。

権利と義務のギャップは現代の分業社会において埋めることは難しいが,参加において義務と権利を完全に一致させることは望ましくない。参加できる範囲で,参加できる局面で,参加できる時間で,参加できる人が,参加する,という意味で,参加は義務ではなく,できるだけ任意として設定されていることが望ましい。

それでは,具体的に市民・専門家・行政はどのように協働すればよいのであろうか。以下,著者の参画した武蔵野市コミュニティ評価委員会の事例をとりあげ,考えてみたいと思う。

5. 武蔵野市コミュニティ評価委員会の事例

(1) コミュニティ評価委員会の設置

武蔵野市コミュニティ評価委員会の活動は2つの意味で興味深いものであ

る。第1は「内容」の側面にかかわるもので，コミュニティ活動を第三者が評価するという珍しい試みであった点である。第2に「過程」の側面にかかわる点で，この委員会の活動が市民とのコミュニケーションを活発化させる熟議（審議）民主主義の実践という側面をもつ点である。

　武蔵野市のコミュニティ活動には「自主参加・自主企画・自主運営」の自主三原則という良き伝統がある。武蔵野市のコミュニティ活動は市民自治の実践として有名なものであるが，それはコミュニティセンターの設立から30年近くたって見直さなければならない点も少なくなかった。たとえば，一部のコミュニティセンターでは特定の人間が運営を左右したり，自主三原則に反する規程を各コミュニティセンターが設けたりしていた。施設の利用も市民以外の利用が目立ち始めていた。長年住んでいる住民と新住民との事実認識のギャップも大きくなってきていた。

　しかしながら，武蔵野市コミュニティ条例第4条2項「市は，コミュニティづくりにおける市民の自主性及び主体性を最大限尊重しなければならない」という規定がある。市としてはコミュニティセンターの活動に介入できないし，介入してはいけないという認識もあった。そこで第三者の評価委員会を設置する条例を制定し，委員会を立ち上げて議論をおこなうことになった。つまり，介入してはいけないことに介入しなければならないという「ディレンマ」を解決することが，武蔵野市の課題だった。その課題の解決策を見出すことに武蔵野市コミュニティ評価委員会の奥深い悩みがあり，この問題をいかに解決するかという方法に委員会の議論は集中した。

　コミュニティ評価委員会の結論は，第三者評価といってもコミュニティ評価委員会が一方的に評価するのではなく，自己点検・自己評価を各コミュニティ協議会でおこなってもらい，それをもとにして評価委員会と各コミュニティ協議会がコミュニケーションをとりながら方向性を導いていくというものであった。前述したディレンマを解決する方法として最善のものだったと思う。また，コミュニティ評価委員会での会議・懇談会・打ち合わせ・意見交換などは1年間で29回に及んだ。時間の制約ですべてのコミュニティセンターを視察す

ることはできなかったものの，7時間近い視察，2時間近い懇談会を2回，4時間近い意見交換を3回おこない，審議会としては市民との直接的なコミュニケーションを重視した活動をおこなった。そしてコミュニティ評価委員会の報告書は2004年3月に市長に提出され，その概要版が武蔵野市民の一部に配布された。

（2） コミュニティ評価委員会の審議

　武蔵野市コミュニティ評価委員会は武蔵野市コミュニティ条例第15条に基づいて設置され，1年間で30回近い会議がおこなわれた。

　最初に，武蔵野市の東西二カ所の会場で各コミュニティ協議会と評価委員との懇談会を開き，評価の原則の確認をしながら評価の理解を深めた。次に，各コミュニティ協議会の意見を取り入れながら評価委員会が作成した「自己点検・評価表」の観点をもとに，各協議会の運営委員会で運営委員が過去の活動を振り返りながら今後の活動について語り合い，その結果を評価委員会に返却してもらい，評価の資料とした。

　同時期に，コミュニティセンターの利用者及び一般市民に無記名でアンケート調査をおこない，郵送で回収して直接市民の意見を聴取した。また，市の各種データを分析し，各協議会の地域特性の調査もおこなった。

　最終段階では，武蔵野市を三地域にわけて実施した意見交換会で「自己点検・評価表」をもとに各協議会の運営委員から運営についての意見や活動報告を聞き，評価委員と運営委員の間で意見交換をおこなった。

　まず，委員会として報告書の作成の過程は試行錯誤の連続であった。コミュニティ活動を評価するという，おそらく日本で初めての試みであるため，前例を参考にすることができなかった。諸外国の試みは参考にしたが，そのまま活用できるものでもなかった。はじめから書かれたシナリオに沿って会議が進められたのではなかったため，当然ながら委員の意見もはじめから同じではなかった。格付けをおこない，民間企業と同じように効率性を求めることも一部委員から主張された。評価対象とすべき数値として，施設の利用率を公表すべ

きと主張する委員もいた。

　しかしながら，委員長や副委員長が原案を提示しながら議論を重ね，それを修正しながら会議は進められた。そして会議の回数を経るにつれて，各コミュニティの多様性を積極的に認めようという認識は共有できた。また，一方的に評価するのではなく，当事者の自己点検・自己評価を原則とし，そこから出発することも了解が取れた。評価の結果だけでなくその過程が重要であるとの結論に至った。そこには，武蔵野市のコミュニティを良くしたい，市民の自主的な活動をできるだけ尊重したい，コミュニティ活動を元気のあるものにしたい，という共通認識が委員と職員の間にあったと思う。

　市民の反発は予想したとおり大きかった。評価委員会が自分たちの活動に介入することの抵抗，評価という言葉が一方的に価値観や意見を押し付けられるという認識，運営に関わっていない人間に理解できるはずがないという偏見などがそれである。評価委員会が提示した「評価の観点」で用いられた「言葉」自体が難しくて理解できないという率直な意見もあった。コミュニティを運営してきた当事者として，反発は同然のことだと思う。そのため，評価項目は，コミュニティセンターを運営している人たちが自らの活動を振り返り，省みることのできるようなものに修正した。市民から見てわかりやすく，洗練されたものというよりも簡便なものを作成するよう努めた。

　コミュニティ評価委員会としては，視察，懇談会，意見交換の場で，評価をする意義や評価という言葉がもつ意味内容を説明した。コミュニティを良くしたいという熱意を示し，そのためのお手伝いをすることが評価委員会の仕事であることを説得した。お互いにコミュニケーションをすることを通じて，評価委員会もコミュニティの実情を知り，運営している人たちの悩みや工夫も理解できた。そしてコミュニティセンターを運営している運営委員の人たちも，コミュニティ評価委員会が自分たちの「敵」ではないことを少しずつ理解できたようである。そして最終的には，多くの人びとに自分たちの活動を振り返ることができたと感謝された。

　このような市民とのコミュニケーションを重視する熟議民主主義の方式は，

まちづくり，コミュニティ，男女共同参画などの領域で多用されている方式であるが，当事者のコストはきわめて大きい。説明するための資料を作成するコスト，実際に説明するための時間を割かなければならないというコスト，専門用語を一般の言葉に置きかえてわかりやすく説明するためのコストなどがそれである。民主主義のコストといえば簡単であるが，この説明のコストは行政機関に今後ますます大きくなるものであるだけに，無視できないものである。コミュニケーションのパフォーマンスとコストとの関係は市民対話を重視した委員会の必然的な課題であろう。

(3) コミュニティ評価委員会の課題

コミュニティ評価委員会の活動は時間的制約が多かったが，関係者の間で認識の共同体が形成された点に成功の鍵があると思う。

まず第1に委員会での議論はきわめて率直かつ活発なものであり，委員が報告書作成に積極的に関与した。審議会といえば，ともすれば行政職員の原案をそのまま結論とすることが少なくないが，各委員が具体的な文書を提示することで議論が方向づけられたように思う。第2に市民と市職員の方々の情熱と優秀さである。コミュニティへの愛着と議論を生産的におこなおうとする態度が常にみられた。各自治体がおこなっているワークショップでは，専門家や市職員の主導でおこなわれていることが多いが，武蔵野市は市民の層が厚く，社会参加が積極的におこなわれてきた伝統にコミュニケーションが成功した要因があると思う。

残された課題は評価の内容と過程の両方にある。評価の内容については，第1回目のコミュニティ評価は活動を振り返るという点に重点をおいたため，一部の評価項目にやや主観的な評価に偏ったきらいがある点である。項目については改善すべき点もあったが，これらは第2次武蔵野市コミュニティ評価委員会で改善された。

また，過程評価が十分でなかったことである。各コミュニティ協議会の自己評価から評価活動を出発させたのは，各協議会が自己評価・点検をおこなう中

で運営委員や市民の間でコミュニティのあり方や運営の仕方などについて議論をつくすことを狙いとしていた。しかしながら、特定の人間が各協議会の運営を左右し、民主的な合意形成の手続きを十分確保しているかどうかは、時間の制約上、調査できなかった。懇談会で判明したことであるが、自己評価の過程については、住民同士で十分話し合って自己点検した協議会と十分話し合えなかった協議会とがあった。自己点検・評価表を提出するための時間的な制約もあり、運営委員や協力委員の間で議論が十分でなかった協議会もあった。また住民総会の時期とずれていたため、コミュニティセンターを利用している一般住民の意見はアンケート調査という形でしか反映できなかった。今後は自己点検・評価を作成する合意形成の過程を評価する活動がコミュニティ評価委員会に求められると思う[12]。

おわりに

　本章では審議会における参加をテーマに、デモクラシーのあり方について論じてきた。アダム・スミスであれ、ディルケムであれ、近代社会は社会的分業が効率的なシステムであるからそれが採用されてきた経緯がある。その分業システム自体は近代化が進展している以上、根本的に変わることはなく、すべての市民がすべてのレベルで参加することは難しい。政治決定の機能分担の構図は変わることはないだろう。ただし、専門家が社会の結節点として参加の促進を促すことに貢献できることは間違いない。その意味で市民と専門家の協働が参加システムにおいても欠かせない。かつて、審議会は行政機関へ権力が集中することで発生し、多元的利益を実現する機能を果たしてきた。そして、現代においては公衆と同質性を有する市民と、公衆と異質性を有する専門家とが議論し、社会的決定を見いだす空間として審議会は機能している。その意味で、民主主義と共和主義の接合としての公共空間を私たちに提供してくれているのである。

1) 審議会の機能については，佐藤（1978），今村（1978），片岡（1985）を参照のこと。
2) 阿部は審議会が市民参加あるいは住民参加の場として活用されることに審議会の可能性を見いだしている。この指摘は1970年代後半のことであるが，30年間近くが過ぎ，可能性のレベルが実現のレベルにまで到達している現実を見て，隔世の感を感じざるを得ない。阿部（1978：14）を参照のこと。
3) 以下の論述は，Renn（1995：151-153）を参照した。
4) 曽根は，審議会が「族学者」によって左右されているとし，役所以外の機関がテーマに応じて審議会を作ってお互いに競争することを提案している。曽根（1998）を参照されたい。
5) 審議会に関する実証的な研究は少ない。辻中豊や篠田徹による研究は20年前のものであるが，日本においていまだその研究を超える研究はない。辻中（1985a；1985b），篠田（1986）を参照のこと。
6) 厚生省（現厚生労働省）の審議会記録が原則公開となったのは，エイズ問題が政治課題化した後に管直人が厚生大臣へ就任したためである。また地方分権推進委員会で記録が公開されたことは，審議会委員が公開を求め，しかも大学教員が多く委員・専門委員となっていたためである。「公開」という問題が1990年代で政策決定を大きく変える契機となったことは間違いないと思う。
7) 審議会に参加した学識経験者，特に行政学者・行政法学者の経験を示した興味深い論考として，寄本（1997），大森（1998），西尾（2001a；2001b），塩野（2004），森田（2006）を参照のこと。城山（2003）は経済財政諮問会議の実態を閣議の実質化として分析し，民間委員の役割を専門家というよりも体制内アドボカシーとして理解している。また，人事の面でも，専門能力の動員と統制について制度化がはかられた。内閣府，内閣官房，外務省での外部登用，首相補佐官の導入，中央省庁幹部職員の閣議了承などがそれである。
8) 細野（2003）は審議会の政策形成をよりよい方向へ導く重要な制度装置として情報公開をあげ，議論の質の向上のための促進要因として評価している。
9) この審議民主主義の経験として，著者は武蔵野市や多摩市の審議会で市民の方々と一緒に自治のあり方を考える機会があった。
10) 日経産業消費研究所の調査で市民参画度1位となった多摩市においては，48の審議会のうち25（52％）に公募委員が入っている。
11) 地域知や経験知の意味や専門家の役割認識については，科学技術社会論の議論が参考になる。小林（2005），平川（2002；2005），藤垣（2005）を参照のこと。
12) 武蔵野市コミュニティ評価委員会では行政と住民との協働のあり方には議論が及ばなかった。というよりも，評価委員会の役割を超えた課題といったほうが良いかもしれない。もちろん，武蔵野市のコミュニティは，大学があることや農村に比べ

てボランティアが相対的に確保しやすいことなど，利用資源が比較的豊かである点で恵まれているように思う。武蔵野市の中のコミュニティが多様であっても良いように，武蔵野市以外の他のコミュニティが武蔵野市と同じ市民参加方式である必要はない。個人的には自治会・町内会を消極的に評価する市民型コミュニティ論とは相容れないが，これについてはまた別途，議論する機会をもちたいと思う。

第8章　公共空間とガバナンス

はじめに

　都市における生活は農村での生活に比べてリスクが大きい。病気，失業，加齢などのリスクを分散・回避するメカニズムは，従来から家族とコミュニティにおいて担われていた。しかしながら，産業化と都市化の進展は生活上のリスクを拡大させ，家族とコミュニティの担ってきたリスク回避のメカニズムの代替として政府が登場した。政府は家族とコミュニティの代替物としてその機能を拡大させ，質的にも大きく変容させた。その意味で近代における政府機能は産業化や都市化と密接不可分の関係にあった。

　しかしながら20世紀後半から政府の量的拡大は制御の対象となり，サービスの拡大ではなく，サービスが提供できないことを前提に政府と住民との協働が模索されるようになってきた。しかも，事前統制だけでなく事後評価の行政スタイルへと質的な変容をみせている。それはリスクへ対応する政府機構への信頼の低下にある。また政府の役割に大きな変化が生じていることも示している。

　本章では，現在進行しているガバナンス改革が市場志向と参加志向の双方向性をもつものであることを指摘し，リスク社会における政府の役割が単なるリスク回避のためのサービス提供にとどまらず，信頼とコミュニケーションの確保にあることを説明する。まず，本章の導入として問題の所在と課題を明らかにする。公共空間，リスク，熟議民主主義を鍵概念として都市ガバナンスをとりまく状況を説明する。

1. ガバナンスとは何か

(1) ガバナンス改革の現在

　ガバナンスとは舵取りや調整を意味する。コーポレート・ガバナンス，コミュニティ・ガバナンス，地方ガバナンス，都市ガバナンス，グローバル・ガバナンスという用語法から理解できるように，それは政府・民間を問わず用いられ，しかもそのレベルは地方・国・国際にまで及んでいる。公共部門におけるガバナンス改革は1970年代半ば以降，アメリカ，ニュージーランド，オーストラリア，イギリスからパリのOECD諸国を経由してオランダ・ドイツ・イタリアのヨーロッパ大陸諸国と日本にまで普及している。それは，政府機能の外部化，移管，自己組織化，再生化の官僚制改革として位置づけることが可能である（山本2002：110-121）。

　ヨーロッパにおいては国レベルの機能がEUへ移管され，多様な政府レベルでの決定・執行の形態をマルチレベル・ガバナンスという。リージョナル・レベルや地方レベルへ権限が移管され，この現象が「国家の空洞化」と呼ばれるものである。また，世界銀行が第三世界の政府活動に民営化と効率化を強く求め，政府とその活動がグッド・ガバナンス（良き統治）であることを期待してきた。このことはガバナンス改革の大きな世界的潮流を見てとることができるであろう。国際関係においては，強固な権限組織なき国際秩序，または政府なき秩序という脈絡からグローバル・ガバナンスが語られることもある。さらに組織管理の手法に関して行政活動の基準に大きな変更が求められ，政府の組織運営と政策パフォーマンスに民間企業と同じ手法が適用された。

　今日においてガバナンスは様々な次元で語られる言説であるが，R.A.W.ローズによると，ガバナンスとは「相互依存，資源交換，ゲームのルール，国家からの大きな自律性によって特徴づけられた自己組織的な組織間ネットワーク」（Rhodes 1997：15）として定義づけられている。ローズはガバナンスの用語法を，①最小国家としてのガバナンス，②コーポレート・ガバナンスとしてのガ

バナンス，③新公共管理（NPM）としてのガバナンス，④「グッド・ガバナンス（良き統治）」としてのガバナンス，⑤社会サイバネティック・システムとしてのガバナンス，⑥自己組織化ネットワークとしてのガバナンス，に区分している（Rhodes 1997：47-53）。

　このようなガバナンス改革の中でも，とりわけ強調されるのが「新公共管理 New Public Management：NPM」改革である。近代において行政は法令を遵守することが重視されてきた。つまり国民の意思を代表する機関である議会の制定した法律と法律が委任した政令に基づいて行政機関は活動することを求められていたわけである。しかしながら，効率性や優先性という基準がより重視され，「新公共管理：NPM」という実践イデオロギーが実務家たちによって採用されてきた。NPM とはマネジリアリズムや新制度派経済学の影響をうけたものであり，コンサルタントや行政職員たちの官僚制改革に関する処方箋の集大成とでもいうべきものとなっている。

（2）　NPM 改革の光と影

　公共サービスの提供においては，競争原理の導入，PFI（Private Finance Initiative）の導入，事前規制から事後評価の重視，発生主義会計の採用，民間とのパートナーシップがはかられ，消費者主権と納税者主権の価値が貫徹する。大学や自治体の間で格付けがおこなわれ，そこに競争市場のメカニズムが導入される。公務員制度にいたっては，上級管理者の契約採用や公募制の導入，人事管理権限の分権化，臨時職員や民間委託の拡大，業績給の設定，一般職員の契約制導入，省庁別の職務分類表・給与表の採用までおこなわれる。

　執行機関に自律性と裁量をもたせて経済的インセンティブを付与するエージェンシー制度の導入は，日本においても日本型エージェンシーとして国立大学や試験機関などで実施されてきた。教育における学校や住民組織への権限移管，環境保全における政府と住民組織とのパートナーシップ，福祉における住民選択と第三者評価，コミュニティにおける審議の保障も，この大きな潮流の中での改革といってよい。このようなガバナンス改革の背景には深刻な財政危

機と政府への信頼低下がある[1]。

　その結果，行政のイメージは大きく変化する。市場志向の組織であることが求められ，市民との協働により階統制からネットワークの組織形態へとかわることになる。国家機能は EU のような超国家組織，リージョナル，地方へと移譲されて国家の空洞化が進行する。権力基盤が行政から政治へ移行し，民間への大幅な移管が進展することで政府機能は外部化・効率化され，情報公開と市民の自己決定が求められることになる。

　以上述べてきたように，先進諸国においては NPM による市場志向のインセンティブが官僚制に導入され，一定の成果をおさめてきたわけであるが，その成功を疑問視する声もある。行政の価値として効率性や成果主義を重視するが，行政の価値はそれだけではない。企業との差異化をはかるならば，利潤が上がらないけれども社会的に必要とされている公共サービスが政府の存在理由となる。すべての政府活動に市場志向のインセンティブを適用するわけにはいかない。また，コスト削減や効率強化によってサービス水準の低下を招いている。成果を過度に重視するあまり，手続き過程を過小評価することにも疑問が残る。個人の業績評価の帰結として，情報の個人独占とコミュニケーションの低下という逆機能も生じている。政府活動の能率向上に貢献した功績と，サービスや組織運営に与えた逆機能との両方をバランスよく評価すべきであろう。

（3）　公共空間の次元

　1990年代から先進諸国でガバナンス改革が大きな潮流となっていることを指摘してきたが，市場志向の改革がおこなわれてきたからといって，公共空間が縮小しているわけではない。むしろ政府活動が大きな変更を余儀なくされればされるほど，公共性の意味が問いなおされ，そのあり方が再検討されている。一般的に公開との関係で公共空間が語られ，都市空間においては限られた資源の共通性が求められている。

　たとえば，都市の公共空間が発達したヨーロッパにおいて貴族住宅が窓を大きくあけた正面を広場や街路に向けるのと逆に，江戸時代の武家屋敷は敷地の

周辺に城郭のように家臣たちの住む長屋・長屋門を置き，外に対して威圧感のある閉鎖的な構成をとっていた（陣内 1992：56）。現代日本の都市においても，私的財産権が尊重されるがゆえに開放感のない都市空間が形成されていることは否定できない。

また長谷川公一は共同性と公共性の問題を，①市民社会における社会統合の問題，②透明性と説明責任，社会的公正と効率性をいかに担保し，公共サービス水準を確保するかという問題，③新しい公共圏を担う市民像，に区分し，公共圏の主体として市民セクターであるNPOに大きな期待をかけている（長谷川 2003：195）。

さらに齋藤純一は公共性の用語が，①国家が関係する公的なもの，②すべての人びとに関係する共通のもの，③誰にでも開かれている，という意味で用いられており，それぞれが拮抗していることを指摘している。たとえば，公共事業に対して公共性（公益性）を問う試みがおこなわれ，国家が公開性を拒もうとする傾向がある（齋藤 2001：ⅷ-ⅹ）。

もちろん公共性の次元は公開性を条件とすれば無条件に成立するわけではないし，行政でなくNPOの存在だけに現代的公共性の特質を見いだすこともできない。政府と民間の二分論的発想も空虚であるし，問題はより複雑である。長谷川や齋藤の議論を補完するため，ここでは2つの公共性の次元をあげて説明しておこう[2]。

第1は自由の保障をするための介入によって公共空間が確保される場合である。その典型は都市交通である。自分で移動の自由を十分享受できないことが少なくない高齢者，障害者，子どもにとって，公共交通は重要な手段となる。他者の助けを借りずに自分で移動する権利を保障する社会においては，効率性が低いという理由だけで民営化されることは少ない。なぜなら，民営化によって移動の自由が実質的に奪われる可能性が高いからである。たとえ民間で運営されている場合でも，補助金や税制上の優遇策などで政府が介入していることが多い（小林 2003：471）。

個人の自由を最大限保障するために社会的コミットメントをおこなう例は，

公共交通にとどまらない。社会的排除をおこなわないために社会的コストを払う例が、ホームレス対策であろう。屋根のある空間で寝泊まりする自由を保障する社会においては、シェルターの確保や一定の所得維持制度は必要不可欠の社会サービスとなっている。ホームレスなどが社会から排除されることなく生活できる自由が保障されているといってよい。このようなイニシアティブには民間セクター（NPO）の協力が必要であるが、政府の強いリーダーシップも必要となる。

第2は市民の自己抑制によって公共空間が確保される場合である。景観、街並み保全、文化財・遺跡の発掘が典型例であろう。日本においては、統一的な景観を維持保全するために特定の建物を所有する個人が大きなコストを強いられていることが少なくない。しかしながら、マクロ的に見れば自由を抑制することでより大きな自由を享受することも可能なのである。景観を維持し、街並みを保全することの経済的効果は長期的には上がるだろう。もちろん、そのためには固定資産税などの免税や補助金交付が必要であり、欧米の都市計画のごとく財産権に対する強い規制が求められてくる。ただし、空港・鉄道・ダムなど社会資本の建設や安全保障において、個人の犠牲の下に高い公共性が確保される旨が主張されることもある。

2. リスクとコミュニケーション

（1）都市のリスク

近代社会において、都市で生活する者のリスクはとりわけ大きい。たとえば、原子力発電事故、BSE（牛海綿状脳症）、ダイオキシン、遺伝子組み換え食品、酸性雨による森林破壊、産業廃棄物の不法投棄、薬害、金融リスクなど枚挙にいとまはない。ベックによると、神や自然という外界を原因として発生したかつてのリスクと異なり、今日では科学と社会の構造に原因をもつリスクが問題になっているという。彼によると、現代的リスクには2種類ある。物質的リスクと社会的リスクがそれである（ベック1998：317）。また、中西準子による

と，環境影響を定量的に評価するためには，人間に影響を与える健康リスク評価と，生物・生態に影響を与える生態リスク評価に区分する必要性があると主張する（中西2003：188）。

農村社会における最大の関心が気候変動リスクであるのに対して，都市空間のリスクは対象が不確定である，コミュニティの凝集性が低下している，人口密度が高い，社会分業の程度が高い，という特色をもっている。このようなリスクの評価と管理は個人で解決できるものではない。なぜなら，高い科学的知識を必要とする，予測困難である，多くの人命に関わる，コストが大きい，という問題があるからである。

まず，都市における課題を設定するために科学専門家を動員しなければならない。そして因果関係を科学的に解明することが必要である。それらのリスク評価をおこなった後に，一般市民に対してリスクコミュニケーションを実施しなければならない。政府にはリスク開示の責任がある。そのとき，ゼロリスクは不可能であること，リスクと便益とは表裏一体の関係であること，を政府と市民は認識しなければならない。飛行機事故のように生命に関わる臨界的事例を考えれば明らかであるが，そのリスクが高ければ高いほどリスクコミュニケーションと事後救済だけでは対策として十分ではなく，事前規制も重要である。たとえ完全情報の条件が成立したとしても，民間の当事者間の交渉で市場の失敗がすべて解決されるわけではない。

もちろん消費者もリスクコミュニケーションを理解し，自己の判断でリスクに対処する責任がある。コモンズの悲劇を克服するためにも，自己抑制的な態度や他者への配慮が求められる。消費者は常にゼロリスクを追及しがちであるが，それは実現不可能であるし，実現したとしても膨大なコストがかかる。そのコストは税金ないしは価格として最終的には国民が負担することになる。

（2）　合理性とコミュニケーション

このようなリスク回避の手法はどのように選択されるのであろうか。結論からいうと，それは市場志向の効率基準だけではない。公正と効率，政府と市場

という二分法では割り切れない構図の中で政策の合理性が決定されている。それはいわば科学的に解明できない，または不確定要素を含む，科学と政治の交錯した領域である。リスクの拡大と共に，「科学を超えた問題群」（ワインバーグ）が増大しているゆえんがそこにある[3]。

　ベックが指摘しているように，科学的合理性は推論と仮定という砂上の楼閣の上にあり，経済・政治・倫理などの分野と大きな関わりをもっているのである（ベック1998：40-41）。また，科学的妥当性は不変なものではなく，すぐれて状況に依存するものである。そして，公共空間の問題に科学的根拠を適用することで解決がはかれるかどうかは疑問が残る。たとえば，飛行機事故の問題解決のためにはパイロット・航空士・整備士など利害関係者の刑事責任を免責し，問題の所在を明らかにすることがしばしば選択されている。自己の責任を追及することによって得られるものよりも，責任を免じることによって得られるものの方がはるかに大きいからにほかならない。科学的妥当性を追求して犯人を摘発しても，問題の大きな構図が解明されなければ公共問題の普遍的解決にならないからである。

　そのため，科学的根拠に基づいた科学的合理性のかわりに必要とされるのが社会的合理性である。藤垣裕子によると，この社会的合理性は公共の意思決定の根拠となる（藤垣2002：155）。もちろんこの２つの合理性は対立と依存の関係にあるが，その間の境界線は曖昧である[4]。

　社会的合意をえることなく，手順を踏まずに意思決定をおこなう手続き上の瑕疵は手続き合理性の名に値しない。つぎに，内容が市民の理性を満足させるものでなければならない。その社会的合理性の内容を構成するものは「妥当性」の基準である。エルスターは集合行為の問題解決メカニズムとして，交渉と論証をあげ，後者の基準として妥当性を用いる。しかも，その妥当性は問題解決に関わるステークホルダー（利害関係者）が納得したものであることが望ましい（Elster, J. 1998：8）。

　ただし，これは専門家よりも素人である市民の方が政策決定者としてすぐれていると理解すべきではない。科学専門家に公共問題を解決する重要な役割が

存在することはいうまでもない。つまり，市民がもっている経験知や地方知という知恵を積極的に評価すべきということであり，専門家だけに問題設定の権利が認められているわけではないことを意味している（小林2002：128-137）。

このようなリスク社会においては，説明・説得・討議すること自体が重要な社会価値であり，政府が市民に対しておこなうべき公共サービスとなっている。信頼を付与することができるかどうかは，公共政策の実効性を高めるための条件でなく，責任確保のために付随する物でもない。ただ単に，専門性の高い政府が素人の市民に水準の高い公共サービスを提供していればよいのではない。むしろ，信頼とコミュニケーションの提供こそが公共圏形成のためのサービスそのものともいえる。

このような公共空間を専門家の独占物から開放し，市民社会において共治の構造を構築するためには，効率重視の制度設計では十分とはいえない。なぜなら，市場のメカニズムだけで信頼の付与は不可能であり，市場と共にコミュニティの中で専門家が説明し，審議・討議・協議することが権力主体である行政機関に求められている。行政の役割が直接供給から条件整備へと変化していることが指摘されて久しいが，1990年代に入って「熟議」の役割を期待されていることも事実である。市場志向と参加志向の双方向性，効率と民主主義の並列的傾向が，1990年代以降のガバナンス改革の特質といってよい。

（3） 公共圏と複雑性

現代的リスクに対応する妥当性として，科学的合理性と社会的合理性という2つの基準について述べてきたわけであるが，このような合理性が適用される公共空間とはどのようなものとして理解すればよいのか。ハーバーマスとアレントという2人の思想家を手がかりに考察してみたいと思う。

ハーバーマスによると，公共空間とは討議による公論の形成をつうじて合意形成をおこなう空間であり，そこにおいてコミュニケーションこそが公論形成の重要な手段となる。『公共性の構造転換』で彼が展開した公共空間のモデルは，17世紀後半から18世紀の市民社会において近代ブルジョワジーたちが議論

する姿であった。それは公的権力に対する批判的領域が市民的公共性として概念化されている。いずれにせよ，市民的公共性を担うのは公権力を審判する公衆である。

　しかしながら，19世紀において公共性は構造的に転換したという。ハーバーマスによると，公的領域と私的領域が交錯した結果，私的領域に属していた公共性はマスメディアや世論などのコミュニケーション手段をつうじて公私のカテゴリーに包摂できない社会圏が成立することになる。公開性の原理は大きく機能変化し，公共性は「存在する」ものではなく，「作りだされる」ものとなる。ハーバーマスは，操作される公共性ではなく，かつて存在した批判的公共性に期待し，そこにおいて展開されるコミュニケーション的自由を重視する（ハーバマス 2003：269）。

　これに対してアレントは，古代ギリシャのポリスを想定して公共空間を構想する。「活動」ではなく「労働」が重要な価値とされる近代社会においては，「公的領域」と「私的領域」の区別は曖昧となり，人間の条件は大きく変容する。

　ここで権力を複雑性と競技(闘技)性の２つで捉えることも可能であるが，アレントの場合，複雑と競技という，一見相矛盾するパズルを解く鍵は「活動」の観念にある。彼女によると，権力は複数の人が公的自由を行使して共に語ることから生まれる。そして複数性（多数性）こそ，全政治生活の条件であり，人間が互いに「異なるもの」という次元を越えて抜きん出ようとする言論と活動が，人間として現れる様式である。多数の人がユニークさを競う活動が公的自由なのであり，コミュニケーションなき同一性を否定し，協調しながら活動することが重要となる（アレント 1994：286-287）。

　複数性（多数性）が人間活動の条件である理由は，「私たちが人間であるという点ですべて同一でありながら，だれ一人として，過去に生きた他人，現に生きている他人，将来生きるであろう他人と，決して同一ではないからである」（アレント1994：21）。ここで他者性とは，存在する一切のものがもっている他者という奇妙な質のことを意味する（アレント1994：286）。アレントは全体主義の

源泉となった大衆社会を想定し，そこにおいて公共空間が喪失したという。公的領域とは自分のアイデンティティを示す場所であり，自分が誰であるのかを明らかにする空間にほかならない（アレント1994：65；291-292）。自己は単独で「現れの空間」を形成することはできない。自己のアイデンティティを示し，他者と競うことで，他者を「誰」であるかを確定できる[5]。

以上述べてきたように，公共空間における審議・協議・討議とコミュニケーションの重要性を指摘してきた。そして複数性と他者性を共同のものとすることが公共空間の条件とされる思想について説明してきた。それでは他者とどのようにコミュニケーションをとればよいのか。コミュニケーション的自由とはどのようなものか。それはいかなる民主主義なのだろうか。

3. 熟議民主主義の可能性

（1） 熟議民主主義とは何か

熟議民主主義（deliberative democracy）は討議民主主義とも，審議民主主義とも，協議民主主義とも訳されている。この熟議民主主義の考え方は民主主義を成員の選好の集計として考えるのでなく，この選好が修正されて合意形成にいたる過程として考える点にある。その意味で功利主義や多元主義に対しては概して批判的であり，義務論や共和主義に親和性をもつ論者が多い[6]。熟議民主主義の特徴は第1に選好が熟議の中で変容すること，第2に熟議の過程の中で合意を形成できると考えること，第3に決定の正当性は選好が選択される結果ではなく，熟議の過程での手続きにあると主張すること，にある（木下2001：71；大矢2003：347）。

エルスターはこの概念には民主主義と審議の両側面があることを指摘している。前者はすべての人びとまたはその代表者の参加を伴う集団的意思決定という考えであり，後者は合理性や公平性という価値にコミットメントした参加者により（に対して）提示された議論によっておこなわれた意思決定という考えである（Elster1998：8）。

この熟議民主主義の歴史的背景には，第1に議会の機能への評価が高まっていること，第2に社会道徳に関する激しい対立を解決する方法が模索されていること，第3に事前の討議のない州民投票への疑問が呈されたこと，第4に議会構成などに人為的に多様性を確保する動きが見られること，などがあげられている（木下 2001：70-71）。

　この熟議民主主義は論者によってきわめて多様である。大矢吉之の整理によると，ベッセットは合衆国憲法制定者マディソンたちの思慮ある多数者支配をモデルとして直接民主主義を批判する。サンスティンは多元主義を痛烈に批判しながらリベラルな共和主義の立場を表明し，合衆国憲法が「むき出しの選好」に基づく統治を禁止して熟議民主主義を創設するよう意図されたと主張する。ガードナーのようにマディソンたちが熟議民主主義を論じているという認識を批判する者もいれば，ドライゼックのように「言説的民主主義」を唱え，自由主義と立憲主義に安易に依拠することなく熟議の場所を議会や裁判所以外に求めて国家と市民社会を架橋する公共圏の観念を重視する論者もいる。また，ロールズの議論に依拠しながら，理想的熟議の手続きを具体的に制度設計しようと構想するコーエンのような論者もいれば，ガットマンとトンプソンのように必ずしも多数決によって合意を得る必要はなく互恵性の下に熟議の継続を要求する者もいるという（大矢 2003：347-352）。

　ここでは熟議民主主義論の多様性を指摘するにとどめ，次にこの考えを精力的に理論化しようとしているハーバーマスの議論を紹介することにしたいと思う[7]。

　前述したように，熟議民主主義とは，市民による審議・討議・協議に理性的価値を認める考え方であり，利益の集合体として政治を考える自由主義的な考え方とは相反する。国民の間でおこなわれるコミュニケーションから生まれた公論と立論のための制度化された審議の枠組みを重視する。その熟議民主主義には市場のごとく多様な価値・利益の調整によって政治が形成されると説く多元的民主主義論，そしてその背景にある功利主義に対する根源的な批判がある。単純な多数決原理による政治解決ではなく，コミュニケーションの循環機

能を公式の審議機関だけに期待しない。

　つまり利害の調整から政治秩序が形成されるという自由主義的見解を排するが，ただしハーバーマスは単純に共和主義にくみするわけではない。なぜなら，共和主義的見解は，熟議によって形成される政治的な意見や意思が文化的に熟知された背景において合意されていることを前提とするからである。国家と社会との分離は民主的過程をつうじて架橋されるにすぎない。ハーバーマスの熟議民主主義論では自由主義と共和主義の統合が志向されている。自由主義モデルよりは強く共和主義モデルよりは弱い規範的性質を民主的過程に与えることになる（ハーバーマス 2003：22）。

　ハーバーマスは『事実性と妥当性』の中で，公共空間の担い手として自発的活動をおこなう市民をあげ，公共圏において熟議は合意形成のためにおこなわれることを強調している。熟議民主主義の存在は行政統制という狭い目的のためだけでなく，それは行政機関，市民，専門家の間で多様性を確保しつつ，より強いコミュニケーションをおこなう非制度的機構として存在している。もちろん，このような非公式なコミュニケーションだけでは正統性をもちえない。最終的には，コミュニケーションにおける議会内外の構造的結合が必要なのである（ハーバーマス 2003：102-103）。

（2）　熟議民主主義の政策手法

　このような討議・審議・熟議は最終的に公式な政治制度において実行されなければならないが，近年はパブリックコメントやタウンミーティングなど新しい参加方式が模索されており，政府と市民のコミュニケーションが重要な課題となっている。ここでは非公式の政治活動として3つの形態を検討しておこう。

　第1の形態がワークショップである。ワークショップとは作業場・工房・研修会という意味であり，参加と双方向を特徴とするコミュニケーションの場をさす。一方的なコミュニケーションの方式ではなく，多様な参加者の積極的な参加・体験をつうじて相互作用し，学習と創造をおこなう。もともと社会教育

や臨床心理学の分野で用いられていた手法であり，それが企業研修，NPO活動，演劇へ適用され，日本においても地方自治体において，まちづくり，コミュニティ，男女共同参画，環境保全，人権問題などの分野で採用されている[8]。

　まず，参加者の主体性と自主性が尊重される。これが第1の特徴である「参加」である。つぎに知識だけでなく感情や直感も重要であり，体と心の全体的理解が重視される。これが第2に特徴である「体験」である。そして第3の特徴は参加者が集団の中から互いに学び合う「相互作用」である。ファシリテーターと呼ばれる司会役が進行役を務める。

　このようなワークショップの方式を採用することには，意思決定の独占を抑制するという意義がある。行政職員と専門家だけでなく，一般市民に決定の空間を開放する積極的な意味をもつ。また意思決定をおこなう当事者としての責任をもつことになり，建設的な議論を参加者に求めることも可能であろう。さらに関係性の認識を参加者で共有することができる。課題を共有し，解決を共に模索する中で認識と価値が理解し合える。水平的コミュニケーションによって，時には教え，時には学ぶことが合意形成にかかせない。

　第2がコンセンサス会議である[9]。コンセンサス会議とはアメリカにおいておこなわれていた専門家の間で標準基準の設定をおこなう「コンセンサス会議」が，1985年以降，デンマークで市民と専門家の対話を目的におこなわれ，先進諸国に採用されていった市民参加方式のテクノロジーアセスメントである。遺伝子治療，遺伝子組み換え食品，地球環境などの科学テーマについて議論することが多い。まず会議全体の運営に責任をもつ運営委員会が設けられ，公募による10～12名程度の市民パネル，専門家パネルに分かれる。前もって議論するテーマを設定しておき，時には事前に講読すべき資料などを示すこともある。会議の道筋にそって専門家の説明がおこなわれ，市民パネルと専門家パネルの間で公開による議論がかわされる。そして最終的には報告書などの形で広く公表される。

　このコンセンサス会議の意義は，素人の市民が積極的な役割を演じることが

期待されている点である。それは市民がコンセンサス会議をつうじて一定の科学知識を得て，学習成果が上がったことだけではない。広範囲にわたる科学技術のリスク問題について，科学の無知な素人である市民が専門家とは異なる見地から公共的課題を論じている点が重要なのである。それは科学技術が現実社会に適用される際に，前述した経験知や地方知によって検証される過程を重視することになる。

　第3がパブリック・インボルブメント（PI）である[10]。これは政府や関係者が意見や参画を求められる過程であり，公共問題に関して利害関係者が議論をつくして合意形成をはかることを意味する。もともと1970年代アメリカの水資源や土地利用で採用されてきたものが，1991年に制定された「相互陸上輸送効率化法 Intermodel Suface Transportation Efficiency Act of 1991：ISTEA」にパブリック・インボルブメントに関する規程がもりこまれ，目標年次を20年とする長期交通計画についてそれが義務づけられた。近年，このようなアメリカにおける試みが紹介されるようになり，日本においても道路などの社会資本整備においてPIの方式が採用されている。

　ここでいうインボルブメントは計画策定段階でおこなわれるものであるが，必ずしも住民みずからが計画を策定することを意味するものではない。むしろ計画初期段階から利害関係者に関心をもたせ，状況を認知させ，コミュニケーションをはかることをつうじて，計画案において見いだせなかった条件を発見することに意味がある（合意形成手法に関する研究会2001：151）。あくまでも行政側が計画主体であり，広域的な公益を守る立場として存在していることは理解しておかなければならない。パブリック・インボルブメントは完全な合意形成をえるまでおこなわれるものではなく，計画主体である行政側の意思決定過程の中に位置づけられているのである。

　ちなみに，パブリック・インボルブメントは計画段階と開発段階で組み込まれ，具体的には公聴会，市民諮問委員会，フォーカスグループミーティング，パブリックミーティング，ワークショップ，メーリングリスト，ニュズレター，インタヴュー，世論調査，現地調査などが採用されている。

（3） 制度設計の問題点

　これらの方式は，多様な人びとの間のコミュニケーションをはかるという点に共通性がある。議論・審議・討論を促進する手法を採用している点で，民主主義の一手法といってよいと思う。ただし，ワークショップのように学びの要素を強調したり，多様性を確保する制度設計のものもあれば，コンセンサス会議のように素人によるアセスメントを目的としたものもある。またパブリック・インボルブメントのように，住民が主体性をもち得ない制度的制約のある手法もある。それらの方式には民主主義の問題を考えるうえで，いくつか問題点が残る。

　第1は民意をくみ取るという形式を確保しているだけではないかという指摘である。公聴会や聴聞会で儀礼として住民の意見を聴くこととはどう違うのか，という問題がある。討議が重要であるとはいっても，すべての構成員が納得し，同一の意見にまとまる可能性は皆無である。熟議民主主義とはいっても，それは程度の問題ではないか，とい疑問は否定できない。形式的な合理性・透明性を確保する行政側の意図は拭えない。

　この意見に対しては，討議をつくす時間と仕組みを十分設計すればよいのであって，具体的な制度設計次第なのではないか，という反論ができるだろう。ワークショップ，コンセンサス会議，パブリック・インボルブメントでおこなわれる討議自体の存在を否定することはできず，そこに参加する市民の能力向上こそめざすべき課題といえる。

　第2は代表性の問題である。議会と住民参加との関係についてかつてから議論のあるところであるが，住民投票や選挙と同様に50％以下の投票率で住民の意思を代表したことになるのか，という疑問はしばしば指摘されるところである。政治が多様な価値の調整であるならば，二者択一の課題設定に問題は多く，このような市民のコミュニケーションを活発化させる方策は有益である。

　たしかに，コンセンサス会議の報告書は政策決定に直接反映されることを保証するものではない。パブリック・インボルブメント自体は住民主体の計画づくりをめざしているわけでもない。ワークショップも，ファシリテーターの能

力と意図次第で大きく左右されることだろう。

　しかしながら，もともとこれらの方式に代表性の付与を期待することが無理なのであり，公式な政治機構を越えて政治決定をおこなうことを意図しているわけではない。代表性は公式制度との関係の中で議論すべきものと考える。

　第3はワークショップ，コンセンサス会議，パブリック・インボルブメントなどの市民参加においては，特定の利害をもった人びとと，計画に反対の人びととが多数となってしまう点である。これについては，関心をもった人びとによって合意をえることが重要なのであって，すべての人びととの合意をえる機構ではないという反論もあるだろう。特定の利害関心をもった人びとを集めることこそ，このような方式の目的なのだという意見も出されるかもしれない。しかし，被害をこうむる人びとの意見を聴き，救済をおこなうことの必要性があるのと同時に，サイレント・マジョリティ（声なき多数者）に対する意見聴収の必要性もある[11]。多様な制度設計と手法を選択することが民主主義のコストであると考え，複数性を確保することこそ重要なのではないか。

　しかしそれでもなお，これらの方式を採用することで個別利害の私権と公共性との対立軸は解消されると考えるのは理想論であろう。また，死刑廃止，同姓による結婚，原子力発電所設置の例のように，すぐれて個人の内面にある信条や倫理の問題であり，意見対立が激しく社会合意が難しい問題については，この方式が適しているかどうかも疑問がある。これらの方式は利害調整と合意形成の万能薬ではなく，コミュニケーションをはかり，社会の複数性を確保する一手段にすぎないという限界も理解しておくべきであろう。

　もちろん，状況に応じて多様な参加形態を制度設計するにあたっては，専門家の役割が重要となる。合意型とみなされてきた日本の審議会においても，専門家の委員の能力と情報公開の程度によって大きな変化がみられる。対戦型やコーポラティズム型の委員会において，専門能力を発揮することも可能であろう。利害調整とコミュニケーションをおこなううえで，専門家の翻案機能，標準化機能，媒介機能が重要な意味をもつものと思われる[12]。

1) ヨーロッパにおけるガバナンス改革については，本稿で詳しく説明しない。このテーマについては，原田（2000；2003）を参照されたい。権力，価値，関係の揺らぎとしてガバナンス改革を理解したものとして，武智（2003）がある。
2) このような公共性の次元については，武智（1996ｂ）の中で非営利の活動と関連づけて議論したことがある。
3) 政治（コミュニケーション）による解決を求める背景には，科学の力で社会を制御することが困難であることの認識の高まりがある。これは科学技術社会論でしばしば議論されてきたことである（平川1999；2001）。
4) 科学の合理性と社会の合理性の区分については，ベック（1998：39）を参照のこと。
5) 他者への配慮を強調したのは，意外にも「神の見えざる手」を強調したアダム・スミスである。彼は『道徳感情論』の中で「同感」の重要性を指摘している（アダム・スミス2003：23-35）。また，夏目漱石は学習院でおこなった「私の個人主義」と題した講演の中で「自己本位」であるべきことを強調している。それは他者の個性を尊重しない個人主義ではなく，自己のアイデンティティを確立することを推奨しているのである（夏目1978）。
6) 熟議民主主義を共和主義に親和性のある議論として理解することも可能であり（斎藤2000：32），筆者自身もこの考え方に意見を同じにする。これに対してハーバーマス自身は，討議理論をリベラリズムや共和主義とは異なるものとして，または両者を統合するものであると主張している（ハーバーマス2003：20）。
7) 熟議民主主義については，近年議論が高まってきている。上田（1996），大矢（2003），木下（2001），木村（2000）を参照のこと。またハーバーマスの熟議民主主義については，毛利（2002）において要領よく議論がまとめられている。
8) ワークショップの機能と形態については，中野（2001；2003）を参照した。
9) コンセンサス会議については，1990年代になって日本において精力的に紹介されている。久保（2001），小林（1999；2002），若松（1996），藤垣（2002）を参照のこと。
10) パブリック・インボルブメントについては，合意形成手法に関する研究会編（2001），藤原（2001）を参照した。
11) この指摘は屋井（2000）によるものである。
12) 情報の伝達や標準化をはたす専門家の機能については，武智（2000；2001；2002）を参照のこと。また，専門家の生き様として，原子力問題に民間の立場から警告を鳴らし続けた高木仁三郎の意義は大きかったものと思われる。高木（1999；2000）を参照されたい。

参考文献

阿部彩 (2002)「貧困から社会的排除へ：指標の開発と現状」『海外社会保障研究』No.141

阿部斉 (1975)「利益集団と統治構造」渓内謙ほか編『現代行政と官僚制　上』東京大学出版会

阿部斉 (1976)「集団利益と行政」辻清明編者代表『行政学講座3　行政の過程』東京大学出版会

阿部斉 (1978)「審議会制度の推移」『地域開発』160号

ハンナ・アーレント (1994)『人間の条件』（志水速雄訳）ちくま学芸文庫

ハンナ・アーレント (1995)『革命について』（志水速雄訳）ちくま学芸文庫

エスピン＝アンデルゼン著，岡沢憲芙・宮本太郎監訳 (2001)『福祉資本主義の三つの世界』ミネルヴァ書房

礒崎初仁 (1998)「都道府県条例と市町村条例の関係はどうなるか」木佐成夫編著『自治立法の理論と手法』ぎょうせい

礒崎初仁 (2000)「分権改革の焦点は都道府県にあり」西尾勝編『都道府県を変える』ぎょうせい

礒崎初仁 (2001)「分権改革の焦点は都道府県にあり」西尾勝編著『都道府県を変える！　分権型社会を創る②』

井戸正伸 (2004)「開放経済とコーポラティズム」新川敏光ほか『比較政治経済学』有斐閣

乾智里・磯道真 (2000)『自治体は大丈夫か』日本経済新聞社

井上達夫・名和田是彦・桂木隆夫 (1992)『共生への冒険』毎日新聞社

猪口孝 (1983)『現代日本政治経済の構図』東洋経済新報社

井堀利宏 (2001)『公共事業の正しい考え方』中公新書

今村都南雄 (1978)「審議会制度のインテリジェンス機能」『地域開発』161号

岩田正美 (1999)「ニードと資源」大山博・武川正吾編『社会政策と社会行政』法律文化社

岩田正美 (2002)「英国社会政策と『社会的排除』」『海外社会保障研究』No.141

上田道明 (1996)「デモクラシーにおける『参加』と『熟慮』」日本政治学会編『55年体制の崩壊』岩波書店

牛山久仁彦 (2000)「地方行政改革と市町村合併」中邨章編著『自治責任と地方行政改

革』敬文堂

内山融（2005）「政策アイデアの伝播と制度」『公共政策研究』第5号

大杉覚（2001）「「勧告」批判の系譜――地方分権改革の限界」西尾勝編著『分権型社会を創る　分権型社会を創る①』ぎょうせい

大森彌（1998）「分権委員会の政治過程　断章」『書斎の窓』476

大森彌（2000 a）「公共事業の分権改革」日本行政学会編『公共事業の改革』ぎょうせい

大森彌（2000 b）「地方分権改革の位置」大阪大学大学院法学研究科編『分権と自治』大阪大学大学院法学研究科

大森彌・神野直彦編著（1998）『地方分権なんでも質問室』ぎょうせい

岡部史郎（1969）「政策形成における審議会の役割と責任」『年報行政研究』7

岡本祐三（2000）『介護保険の教室』PHP新書

大矢吉之（2003）「熟議民主主義論の展開とその政策理念」足立幸男・森脇俊雅編『公共政策学』ミネルヴァ書房

ウォーレス・E・オーツ（1997）『地方分権の財政理論』米原淳七郎ほか訳，第一法規

岡野八代（2003）『シティズンシップの政治学』白澤社

鏡諭・石田光広編（2002）『介護保険なんでも質問室』ぎょうせい

鹿毛利枝子（2001-2）「『ソーシャル・キャピタル』をめぐる研究動向（一）（二）」『法学論叢』151巻3号，152巻1号

片岡寛光（1985）「審議会の政治力学」『社会科学討究』89号

金子郁容（1999）『コミュニティ・ソリューション』岩波書店

金子勝（1999）『反グローバリズム』岩波書店

加藤嘉明（2000）「急展開する労働党の自治体改革」自治・分権ジャーナリストの会編『英国の地方分権改革――ブレアの挑戦』日本評論社

川出良枝（2003）「デモクラシー」久米郁男ほか『政治学』有斐閣

川本隆史（1995）『現代倫理学の冒険』創文社

川本隆史（1997）『ロールズ』講談社

菊池美代志・江上渉（1988）『コミュニティの組織と施設』多賀出版

木村光大郎（2000）「討議的民主主義」有賀誠・伊藤恭彦・松井暁編『ポスト・リベラリズム』ナカニシヤ出版

北村喜宣（2000）「必要的自治事務をめぐる総合的対応と条例」今村都南雄編著『自治・分権システムの可能性』敬文堂

北村亘（2000）「機関委任事務廃止の政治過程」『甲南大学』第40巻第3・4号

北村亘（2005）「三位一体改革の政治過程」『甲南法学』第45巻第3・4号

北村亘（2007）「三位一体改革と全国知事会」『法学雑誌』第54巻第2号

木下智史（2001）「アメリカ合衆国における民主主義論の新傾向」『法律時報』73-6

W・キムリッカ（2005）『新版　現代政治理論』（千葉真ほか訳）日本経済評論社

デービッド・R・キャメロン（1987）「社会民主主義・コーポラティズム・穏健な労働運動」J. H. ゴールドソープ編，稲上毅ほか訳『収斂の終焉』有信堂

久保はるか（2001）「科学技術をめぐる専門家と一般市民のフォーラム」『季刊行政管理研究』No.96

スティーブン・D・クラズナー（2001）「グローバリゼーション論批判」渡辺昭夫・土山實男編『グローバル・ガヴァナンス』東京大学出版会

合意形成手法に関する研究会編（2001）『欧米の道づくりとパブリック・インボルブメント』ぎょうせい

小林大祐（2004）「都市における公共交通機関の役割：新しい路面電車による都市の構築」『中央大学大学院研究年報　法学研究科篇』第34号

小林傳司（1999）「"コンセンサス会議"という実験」『科学』Vol.69 No.3

小林傳司（2002）「科学コミュニケーション」金森修・中島秀人編『科学論の現在』勁草書房

小林傳司（2005）「科学技術とガバナンス」『思想』No.973

小林良二（1979）「T. H. マーシャルの社会政策論」『季刊社会保障研究』Vol.15, No.1

小西啓文（2003）「介護保険法における市町村の保険者自治と低所得者問題」『多摩地域の都市ガバナンス』中央大学社会科学研究所

小西砂千夫（2000）『市町村合併ノススメ』ぎょうせい

小早川光郎・小幡純子編（2000）『あたらしい地方自治・地方分権』有斐閣

ロバート・O・コヘイン／ジョセフ・S・ナイ（2004）「序論-グローバル化の実態」ジョセフ・ナイ／ジョン・ドナヒュー編著，嶋本恵美訳『グローバル化で世界はどう変わるか』英治出版

J. H. ゴールドソープ（1987）「収斂の終焉」J. H. ゴールドソープ編，稲上毅ほか訳『収斂の終焉』有信堂

齋藤純一（2000）『公共性』岩波書店

坂田正三（2001）「社会関係資本と開発」佐藤寛編著『援助と社会関係資本』アジア経済研究所

坂田正三（2004）「ソーシャル・キャピタル」絵所秀紀・穂坂光彦・野上裕生編『貧困と開発』日本評論社

阪野智一（1986）「ネオ・コーポラティズム」西川知一編『比較政治の分析枠組』ミネルヴァ書房

佐藤竺（1978）「審議会の役割」『地域開発』160号

塩野宏（2004）「制度立案を担う審議会のメカニズムを語る」増島俊之・小林秀徳編『証言　改革を支えるメカニズム』ぎょうせい

滋賀県（2000）『県政の目標　しがベンチマーク2000』

篠田徹（1986）「男女雇用均等法をめぐる意思決定」中野実編『日本型政策決定の変容』東洋経済新報社

篠原一（1983）「団体の新しい機能－ネオ・コーポラティズムの理論と現実－」『岩波講座基本法学2－団体』岩波書店

島田恵司（2000）「第三者機関誕生の経緯と機能」今村都南雄編著『自治・分権システムの可能性』敬文堂

下平好博（1994）「コーポラティズムと経済パフォーマンス」稲上毅ほか『ネオ・コーポラティズムの国際比較』日本労働研究機構

白石一郎・(株)富士通総研経済研究所編著（2001）『NPMによる自治体改革』経済産業調査会

城山英明（2003）「政策過程における経済財政諮問会議の役割と特質」『公共政策研究』第3号，34-45

新藤宗幸（1978）「審議会答申の作成と利用形態」『地域開発』160号

新藤宗幸（1990）「議会制と『審議会政治』」『ジュリスト』955号

陣内秀信（1992）『東京の空間人類学』ちくま学芸文庫

神野直彦・自治分権ジャーナリストの会編（2001）『課税分権』日本評論社

シーダ・スコッチポル（2007）『失われた民主主義』（河田潤一訳）慶應義塾大学出版会

鈴木庸夫（2000）「地方公共団体の役割及び事務」小早川光郎・小幡純子編『ジュリスト増刊　あたらしい地方自治・地方分権』有斐閣

M・B・スティーガー著，櫻井公人ほか訳（2005）『グローバリゼーション』岩波書店

アダム・スミス（2003）『道徳感情論（上）』（水田洋訳）岩波文庫

アマルティア・セン（1991）「社会的コミットメントとしての自由」『みすず』358号

アマルティア・セン著，黒埼卓・山崎孝治訳（2000）『貧困と飢饉』岩波書店

アマルティア・セン（2002）『貧困の克服』集英社新書

曽我謙悟（2000a）「地方分権をめぐる二つのなぜ」大阪大学大学院法学研究科編『分権と自治』大阪大学大学院法学研究科

曽我謙悟（2000ｂ）「市町村合併の現状と課題」大杉覚編著『自治体組織と人事制度の改革　シリーズ図説・地方分権と自治体改革⑥』東京法令出版
曽根泰教（1986）「やらせの政治『審議会方式』を検証する」『中央公論』101（1）
曽根泰教（1998）「"族学者"がはびこる審議会は廃止より競争を」『論座』43
高橋万由美（2003）「多元的供給と選択の自由」武智秀之編『講座福祉国家のゆくえ　第3巻　福祉国家のガヴァナンス』ミネルヴァ書房
高木仁三郎（1999）『市民科学者として生きる』岩波新書
高木仁三郎（2000）『原発事故はなぜくりかえすのか』岩波新書
武川正吾（1999）「社会政策・社会行政論の基礎概念」大山博・武川正吾編『社会政策と社会行政』法律文化社
武川正吾（2000）「福祉国家と福祉社会の協働」『社会政策研究』1号
竹下譲（1996）「行政組織の改革」『季刊行政管理研究』No.75
武智秀之（1996ａ）『保健福祉の広域行政圏構想』地方自治総合研究所
武智秀之（1996ｂ）『行政過程の制度分析』中央大学出版部
武智秀之（2000ｂ）「信頼の制度設計」西尾勝編『行政評価の潮流』行政管理研究センター
武智秀之（2001）『福祉行政学』中央大学出版部
武智秀之（2003）「福祉のガヴァナンス」武智秀之編『福祉国家のゆくえ　第3巻　福祉国家のガヴァナンス』ミネルヴァ書房
武智秀之（2004）「コミュニティの活性化――武蔵野市コミュニティ評価委員会の試み」『白門』第56巻11号
田島平伸（2000ａ）「広域連合と市町村合併」『法学新報』第107巻第1・2号
田島平伸（2000ｂ）「広域連携の現状と課題」大杉覚編著『自治体組織と人事制度の改革　地方分権と自治体改革⑥』東京法令出版
田島平伸（2001）「出揃った都道府県の市町村合併推進要綱」『自治総研』No.270
田中成明（1994）『法理学講義』有斐閣
田辺国昭（2006）「政策評価制度の運用実態とその影響」『レヴァイアサン』38号
田村明（1999）『まちづくりの実践』岩波新書
地方自治制度研究会編（1999）『Ｑ＆Ａ改正地方自治法のポイント』ぎょうせい
地方分権推進委員会事務局編（1997ａ）『地方分権推進委員会第1次勧告』ぎょうせい
地方分権推進委員会事務局編（1997ｂ）『地方分権推進委員会第2次勧告』ぎょうせい
地方分権推進委員会事務局編（1997ｃ）『地方分権推進委員会第3・4次勧告』ぎょうせい

辻隆夫（1981）「イギリス新救貧法と地方制度改革」『早稲田政治公法研究』第10号
辻清明（1950）「社会集団の政治的機能」『近代国家論　第二部　機能』弘文堂
辻中豊（1985ａ）「社会変容と政策過程の対応－私的諮問機関政治の展開－」『北九州大学法政論集』13巻1号
辻中豊（1985ｂ）「私的諮問機関の役割と靖国懇」『ジュリスト』No.848
辻山幸宣（1994）『地方分権と自治体連合』敬文堂
恒川恵一（1986）『企業と国家』東京大学出版会
手島孝（1991）『ネオ行政国家論』木鐸社（初出は手島孝「審議会か新議会か」『法律時報』58（1），1986年）
東京都（2000）「介護保険制度実施に伴うサービス供給量の調査結果」
東京都（2004）『ホームレスの自立支援等に関する東京都実施計画』
東京都政策報道室調査部（1999）『TOKYO CHECKUP LIST 99』
A・トクヴィル（1987）『アメリカの民主政治　下』（井伊玄太郎訳）講談社文庫
栃本一三郎（2001）「介護保険」三浦文夫編『図説高齢者白書2001』全国社会福祉協議会
長戸かおる（1989）「インフルエンザ予防接種問題と市民自治」『季刊自治体学』第2号
中西準子（2003）「環境リスク評価」吉田文和・北畠能房編『環境の評価とマネジメント』岩波書店
中野民夫（2001）『ワークショップ』岩波新書
中野民夫（2003）『ファシリテーション革命』岩波アクティブ新書
中村健吾（2002）「EUにおける「社会的排除」への取り組み」『海外社会保障研究』No.141
中村健吾（2003）「社会的排除」小玉徹ほか編『欧米のホームレス問題：実態と政策（上）』法律文化社
夏目漱石（1978）『私の個人主義』講談社学芸文庫
成田頼明（1997）『地方分権への道程』良書普及会
西尾勝（1998）「地方分権推進の政治過程と地方分権推進委員会の調査審議方針」西尾勝編著『地方分権と地方自治　新地方自治法講座⑫』ぎょうせい
西尾勝（1999ａ）「制度改革と制度設計」（上）『UP』321号
西尾勝（1999ｂ）「制度改革と制度設計」（下）『UP』322号
西尾勝（1999ｃ）「審議会等委員の責任についての断章」成田頼明ほか編『行政の変容と公法の展望』良書普及会（増島俊之・小林秀徳編著『証言　大改革はいかになされたか』ぎょうせい，2001年に所収）

西尾勝（1999 d）『未完の分権改革』岩波書店
西尾勝（2001 a）「地方分権改革の前史」西尾勝編著『分権型社会を創る　分権型社会を創る①』ぎょうせい
西尾勝（2001 b）「地方分権推進委員会の活動形態」西尾勝編著『分権型社会を創る　分権型社会を創る①』ぎょうせい
西尾勝（2001 c）「地方分権改革の趣旨」西尾勝編著『分権型社会を創る　分権型社会を創る①』ぎょうせい
西尾勝（2001 a）「分権改革を可能にしたメカニズムの全貌を語る」増島俊之・小林秀徳編『証言　大改革はいかになされたか』ぎょうせい
西尾勝（2001 b）「審議会委員の責任についての断想」増島俊之・小林秀徳編『証言　大改革はいかになされたか』ぎょうせい（成田頼明ほか編『行政の変容と公法の展望』良書普及会より転載）
日本経済新聞社・日経産業消費研究所編（1998）『行政革新』日本経済新聞社
日本経済新聞社・日経産業消費研究所編（2001）『全国住民サービス番付』日本経済新聞社
日本格付投資情報センター編（1999）『地方債格付け　自治体は本当につぶれないのか』日本格付け投資情報センター
日本統計センター・週刊ダイヤモンド編集部編（1998）『99年版全国693都市ランキング』ダイヤモンド社
日本都市センター（2001）『都市自治体における介護保険制度導入後の実態と課題』日本都市センター
日本都市センター（2002 a）『地域に根差した介護制度の構築に向けて』日本都市センター
日本都市センター（2002 b）『地域に根差した介護制度の構築に向けて（資料篇）』日本都市センター
長谷川公一（2003）「共同性と公共性の現代的位相」『環境運動と新しい公共圏』有斐閣
馬場啓之助（1980）『福祉社会の日本的形態』東洋経済新報社
ユルゲン・ハーバーマス（1973）『公共性の構造転換』未来社
ユルゲン・ハーバーマス（2003）『事実性と妥当性（下）』未来社
バーバラ・ハーマン編（2005）『ロールズ哲学史講義　上』（久保田顕二，下野正俊，山根雄一郎訳）みすず書房
原田久（2000）「第三者機関による自治体活動の評価」『都市問題』第91巻第8号
原田久（2000）『社会制御の行政学』信山社

原田久（2003）「NPM改革と政府システム」武智秀之編『福祉国家のゆくえ　第3巻　福祉国家のガヴァナンス』ミネルヴァ書房

平岡公一ほか（2001）『厚生科学研究費補助金政策科学推進研究事業　介護サービス供給システムの再編成の成果に関する評価研究　平成12年度総括・分担研究報告書』

平岡公一ほか（2002）『厚生科学研究費補助金政策科学推進研究事業　介護サービス供給システムの再編成の成果に関する評価研究　平成13年度総括・分担研究報告書』

平川秀幸（1999）「リスク社会における科学と政治の条件」『科学』Vol.69 No.3

平川秀幸（2001）「科学技術と公共空間」『現代思想』Vol.29 No.10

平川秀幸（2002）「専門家と非専門家の協働」小林傳司編『公共のための科学技術』玉川大学出版部

平川秀幸（2005）「リスクガバナンスのパラダイム転換」『思想』No.973

デイヴィド・ヒューム（1951）『人性論（三）』（大槻春彦訳）岩波文庫

藤井浩司（2002）「福祉国家」加藤秀治郎編『西欧比較政治　第2版』一藝社

藤垣裕子（2002）「科学政策論」金森修・中島秀人編『科学論の現在』勁草書房

藤垣裕子（2005）「科学政策論」『専門知と公共性』東京大学出版会

藤垣裕子（2003）『専門知と公共性』東京大学出版会

藤原真史（2001）「パブリックインボルブメントとパブリックコメント」『都市問題』第92巻第5号

ベック，U.（1998）『危険社会』（東廉・伊藤美登里訳）法政大学出版部

デイヴィッド・ヘルドほか著，古城利明ほか訳（2006）『グローバル・トランスフォーメーションズ：政治・経済・文化』中央大学出版部

ヘドリー・ブル著，臼杵英一訳（2000）『国際社会論』岩波書店

ウイリアム・ベバリッジ（1969），山田雄三監訳『ベヴァリッジ報告　社会保険および関連サービス』至誠堂

細野助博（2003）「審議会型政策形成と情報公開の意義」『公共政策研究』3号

T・H・マーシャル／トム・ボットモア（1993）『シティズンシップと社会階級』（岩崎信彦ほか訳）岩崎書店

増田雅暢（2003）『介護保険見直しの争点』法律文化社

松下圭一（1971）『シビル・ミニマムの思想』東京大学出版会

松本英昭（2000）『新地方自治制度詳解』ぎょうせい

レーミッシュ・ミシュラー著，丸谷冷史ほか訳（1995）『福祉国家と資本主義』晃洋書房

宮川公男（2004）「ソーシャル・キャピタル論」宮川公男，大守隆編『ソーシャル・

キャピタル』東洋経済新報社

宮島喬（2004）『ヨーロッパ市民の誕生』岩波新書

宮武剛（2001）「介護保険の理念と現状の格差を問う」三浦文夫編『図説高齢者白書2001』全国社会福祉協議会

宮本太郎（1997）「比較福祉国家の理論と現実」岡沢憲芙・宮本太郎編『比較福祉国家論』ミネルヴァ書房

椋野美智子（2002）「介護保険の仕組み」秋元美世ほか編『社会保障の制度と行財政』有斐閣

武蔵野市（2004 a）『武蔵野市コミュニティ評価委員会報告書』

武蔵野市（2004 b）『コミュニティ評価委員会報告書』

村松岐夫・水口憲人編（2000）『分権―何が変わるか』敬文堂

室井力・兼子仁編（2001）『基本法コンメンタール　地方自治法』日本評論社

毛利透（2002）『民主政の規範理論』勁草書房

森田朗（2000）「分権改革の目的・沿革」森田朗編著『分権改革と自治体　シリーズ図説・地方分権と自治体改革①』東京法令出版

森田朗（2001）「市町村合併の課題とこれからの地方自治」『ジュリスト』No.1203

森田朗（2006）『会議の政治学』慈学社

屋井鉄雄（2000）「サイレント・マジョリティをどう取り込むか　事業の成否かかる『信頼できるシステム』の構築」『日経コンストラクション』第251号（2000年3月10日号）

安章浩（1998）「イギリスにおける行政改革とその批判的考察」片岡寛光編『国別行政改革事情』早稲田大学出版部

山口定（1984）「ネオ・コーポラティズムと政策形成」日本政治学会編『年報政治学1983政策科学と政治学』岩波書店

山口定（1989）『政治体制』東京大学出版会

山口道昭（2000）「地域の事務」森田朗編著『分権改革と自治体　シリーズ図説・地方分権と自治体改革①』東京法令出版

山本清（2002）「ガバナンスの類型化」宮川公男・山本清編『パブリック・ガバナンス』日本経済評論社

吉野作造（1975）「憲政の本義を説いてその有終の美を済すの途を論ず」岡義武編『吉野作造評論集』岩波文庫

寄本勝美（1997）「政策の形成と研究者の立場――容器包装リサイクル法の場合」『書斎の窓』470号

マルティン・ルター（1955）『キリスト者の自由　聖書への序言』（石原謙訳）岩波文庫
シュミッター・レームブルッフ編（1984）『現代コーポラティズム（Ⅰ）』木鐸社
シュミッター・レームブルッフ編（1986）『現代コーポラティズム（Ⅱ）』木鐸社
セオドア・ロウィ（1981）『自由主義の終焉』村松岐夫監訳，木鐸社
ジョン・ロールズ（1974）『正義論』矢島鈞次監訳，紀伊國屋書店
若松征男（1996）「素人は科学技術を評価できるか」『現代思想』Vol.24 No.6

James S.Coleman (1988), Social Capital in the Creation of Human Capital, American Journal of Sociology Vol.94,Supplement.
James S.Coleman (1990) Foundations of Social Theory, Harvard University Press =2004『社会理論の基礎（上）』（久慈利武監訳）青木書店
Elster,Jon (1998), "Introduction," in Jon Elster edited, Deliberative Democracy, Cambridge University Press.
William A. Galston (1991), Liberal Purposes: Goods,virtues,and diversity in the liberal state, Cambridge Univetsity Press.
Katzenstein,Peter J. (1985)　Small States in World Markets: Industrial Policy in Europe, Cornell University Press.
Przeworski,Adam (1985) Capitalism and Social Democracy, Cambridge University Press.
Renn, Ortwin (1995), Style of Using Scientific Enterprise: A Comparative Framework, Science and Public Policy, 22 (3).
Ruggie,John Gerard (1982), "International Regimes,Transaction and Change: Embedded Liberalism in the Postwar Economic Order, " International Organization, 36-2.
Simon Speller (2001) "The Best Value Initiative," in G.Johnson and K.Scholes eds. Exploring Public Sector Strategy, Printice Hall.
S. Tarrow (1996) Making Social Science Work Across Space and Time, American Political Science Review, Vol. 90 No. 2.
Tiebout,C. (1954) "A Pure Theory of Local Expenditutes," Journal of Political Economy Vol.64, December.
Kieron Walsh, Nicholas Deakin, Paula Smith, Peter Spurgeon and Neil Thomas (1997) Contracting for Change, Oxford University Press.
Wilensky, Harold (1967), Organizational Intelligence: Knowledge and Policy in

Government and Industry, Basic Books.
Milk Wisniewski (2001) "Measuring up to the best: A Manager's Guide to Benchmarking," in G.Johnson and K.Scholes eds. Exploring Public Sector Strategy, Printice Hall.
Gerald Wistow, Martin Knapp, Brian Hardy and Caroline Allen (1994) Social Care in a Mixed Economy, Open University Press.
Gerald Wistow, Martin Knapp, Brian Hardy, Julien Forder, Jeremy Kendall and Rob Manning (1996) Social Care Market, Open University Press.

監査委員会ホームページ http://www.audit-commission.gov.uk
東京都ホームページ http://metoro.tokyo.jp
滋賀県ホームページ http://www.pref.shiga.jp
内閣府ホームページ　http://www.cao.go.jp/
総務省ホームページ　http://www.soumu.go.jp/index.htm
厚生労働省ＨＰ　http://www.mhlw.go.jp/houdou/2003/03/h0326-5.html

［初出一覧］

はじめに
　書き下ろし
第1章　政策とガバナンス
　書き下ろし
第2章　政府間関係の再編
　「政府間関係の再編」今村都南雄編『日本の政府体系』成文堂、2002年
第3章　ミニマム論再考
　「ミニマム論再考」『季刊自治体学』18号、2005年
第4章　自治体間競争と認証・格付け
　「自治体間競争と認証・格付け」松下圭一・西尾勝・新藤宗幸編『自治体の構想4
　機構』岩波書店、2002年
第5章　自治体のディレンマ
　「公的介護保険の実施構造」片桐正俊・御船洋・横山彰編著『分権化財政の新展開』
　中央大学出版部、2007年
第6章　共生と地域ガバナンス
　書き下ろし
第7章　参加とデモクラシー
　「参加とデモクラシー：審議会における市民と専門家」武藤博己編『新しい行政参加
　のあり方に関する調査研究』行政管理研究センター、2006年
　「コミュニティの活性化：武蔵野市コミュニティ評価委員会の試み」『白門』第56巻第
　11号、2004年
第8章　公共空間とガバナンス
　「公共空間とガバナンス」武智秀之編『都市政府とガバナンス』中央大学出版部、
　2004年

事項索引

あ 行

アイデンティティ	117-8,133
足による投票仮説	61,78-9,95
アナーキカルな国際秩序	5
イデオロギーの終焉	7
インテリジェンス	139,149
埋め込まれた自由主義	7
運輸省	27
エスニシティ	117,119,133
エンタイトルメント	60
応益負担	55
応能負担	55
大蔵省	27,39,48

か 行

外部性	79
格付け	87,89,92-3,95
課税自主権	41
ガバナンス	19,160
ガバナンス改革	161-2
ガバナンス構造	5
マルチレベル・ガバナンス	160
官庁主導	17
官邸主導	146
機関委任事務	21,23,26,30,40,54
規制緩和	29,77
拒否権プレイヤー	11,148
キリスト者	i
業績主義	8
行政改革推進本部	23-4
行政官庁理論	30
共生	117,124,133-4
共通事務	32
国地方係争処理委員会	35
グループヒアリング方式	27
グローバリゼーション	2
グローバル化	1-4,6
経済財政諮問会議	42,63
経済同友会	22
経団連	22
ケインズ＝ベバリッジ・パラダイム	6,8
建設省	27,36,40
小泉政権	147
広域連合	45
効率	51,56-8,62
効率的	78-9
厚生省	27,33,36,67
厚生労働省	64,66-7,89,100-1,104,114
公明党	66-7
国庫補助負担金	39,40
国土交通省	65
合理性	i－ⅱ,166
科学的合理性	166
社会的合理性	166-7
手続き合理性	19
コーポラティズム	1,8,14-7,19,62
ネオコーポラティズム	14
コミュニティセンター	124-6,151-3
コンセンサス会議	18,172

さ 行

差異	117,133
財務省	22,39,41,48,64
サイレント・マジョリティ	175
サマリア人	135
三位一体改革	51,62,67
ジェンダー	10,117,119,133
自治	51
自治省	26-7,43,48
自治事務	30,32,101
自治体間競争	61,78,81
自治紛争処理委員	35
自治労	27
シティズンシップ	118-9,133
能動的シティズンシップ	123

資本主義の逆説	7	地方六団体	22-4,48,62-3
自民党	22,66-7	中核市	45
市民憲章	84	直接執行（事務）	32,33
シビルミニマム	53	直接的なサービス提供	98,115
社会党	22	デモクラシー（民主主義）	1-2,6,19,51,69-70,73,134,174
社会的コミットメント	59	民主主義のコスト	175
社会的排除	129	民主主義のルール	6
社会的包摂	129	依法的民主主義	13,60,62
社会の良心説	52	コスモポリタン民主主義	6
条件整備	98	参加デモクラシー	137
情念	i-ii	多極共存型デモクラシー	15
収斂仮説	7	熟議民主主義	18,148,153,159,169,174
収斂の終焉	9	同感	176
情報公開	146	道州制	22-3
新公共管理	161	特例市	45
新自由主義	9	**な　行**	
信頼	77	内閣法制局	33,49
成果指標	82,88,94	内政審議室	26,41
潜在能力	59,74	中曽根政権	143
全国市長会	62	ナショナル・ミニマム	7,37,42,51,55,68,73
全国知事会	62-3	認証	92-5
総務省	22,35-6,39,43,45,48,64	ニーズ	51,55-7,59,73,98
総務庁	26-7	農水省（農林水産省）	27,33,36,65
ソーシャルキャピタル（社会関係資本）	70-3,93	能動的市民	150
た　行		**は　行**	
第3次行革審	22-3	橋本行革	146
第2次臨時調査会	22	パターナリズム	52-3
代表	13,61	パブリック・インボルブメント	18,147,173
代表の擬制	61	パブリック・コメント	59,146-7,171
委任代表	61	必置規制	36-9
国民代表	13,61	フェミニズム	122,133
タイミング	67	複数性	168,175
タウンミーティング	82,90,171	福祉国家	6-10,52-5,120
多元主義	1,12-3	福祉国家の危機	7,18
官僚包摂型多元主義	14	福祉国家論	52
妥当性	166	福祉社会	52
地域知（経験知）	148-9,156,173	福祉レジーム論	9
地方制度調査会	23-4,26	ブレア政権	86
地方分権一括法	21,43	ベストバリュー	86
地方分権推進法	26,28	ベバリッジ報告	52
地方分権推進委員会	21,23-4,26-9,32-3,36-7,39-42,47		

ベンチマークス	82	**ら 行**	
法定受託事務	30,32	利益集団自由主義	13,62
法務省	36	リスクコミュニケーション	165
補完性原則	10	リスク社会	159
ま 行		リスク分散	19,58,98
マイノリティ	56-7,147	理性	i - ii
マジョリティ	56	リーダーシップ	29,41,54,67
ミニマム	51,55,60,67	政治的リーダーシップ	147
民社党	22	連帯主義	7
武蔵野市コミュニティ評価委員会	150,152,154	労働省	27
メージャー政権	84	**わ 行**	
モントリオール議定書	5	ワークショップ	90,171,173
文部科学省	65		

人名索引

あ 行

麻生総務相	64,67
アレント	167-8
阿部斉	138
五十嵐広三	22,28
磯崎初仁	46,110
伊藤博文	19
井上達夫	134
猪口孝	14
井堀利宏	94
岩田正美	130
ウィレンスキー	139
ウェッブ夫妻	52
内山融	11
エスピン・アンデルセン	9-10
エルスター	169
大矢吉之	170
岡野八代	120
岡部史郎	138
オーツ	95

か 行

鹿毛利枝子	75
梶原拓岐阜県知事	63
カッツェンシュタイン	16
ガットマン	170
ガードナー	170
金子郁容	93
金子勝	93
キャメロン	15
ギャルストン	121
小泉首相	63,67
小林良二	134
コールマン	70-1

さ 行

齋藤純一	163
坂口厚生労働相	63
坂田正三	75
サミュエルソン	78
サンスティン	170
塩川財務大臣	42
篠田徹	156
篠原一	15
新藤宗幸	138,143
スコッチポル	72
スティーガー	2
スミス（アダム・スミス）	11,122,155,176
セン	19-20,59,74
曽根泰教	143

た 行

タウンゼント	129
高木仁三郎	176
竹中経済財政相	64
田辺国昭	
谷垣財務相	64
タロー	72
辻清明	139
辻中豊	143,156
ティブー	61,78-80,95
ディルケム	155
トクヴィル	69-70,73,75
ドライゼック	170
トンプソン	170

な 行

中西準子	164
中村健吾	129
夏目漱石	176
西尾勝	50,69

は 行

橋本総理	47
ハーシュマン	80

長谷川公一	163	ミシュラ	78-9
羽田孜	24	宮島喬	118
パットナム	71	村山富一	26,28
馬場啓之助	7	森喜朗前首相	65
ハーバーマス	167-8,170-1,176		

や　行

ヒューム	i - ii	吉野作造	19
プシェヴォスキ	16	与謝野馨政調会長	64,66
ブル	4		

ら　行

ベセット	170		
ベック	164		
ヘルド	2	ラウントリー	128
細川護熙	22-3	ラギー	7
細田官房長官	63,67	リカード	3
		ルター	i
		レン	139-40

ま　行

マーシャル	119-120	ロゥイ	62
松下圭一	53	ローズ	160
マディソン	170	ロールズ	i ,121,134

著者紹介

武　智　秀　之
（たけ　ち　ひで　ゆき）

1963年　福岡県に生まれる
現　在　中央大学法学部教授，博士（法学）

〈主要著書〉

『保健福祉の広域行政圏構想』（地方自治総合研究所，1996年）
『行政過程の制度分析』（中央大学出版部，1996年）
『福祉行政学』（中央大学出版部，2001年）
『福祉国家のゆくえ　第3巻　福祉国家のガヴァナンス』（編著，ミネルヴァ書房，2003年）
『都市政府とガバナンス』（編著，中央大学出版部，2004年）

政府の理性，自治の精神

2008年11月25日　初版第1刷発行

著　者　武　智　秀　之
発行者　玉　造　竹　彦

発行所　中　央　大　学　出　版　部

〒192-0393
東京都八王子市東中野742番地1
電話042-674-2351・FAX042-674-2354

ⓒ2008 Hideyuki TAKECHI　　　　　奥村印刷㈱
ISBN 978-4-8057-1140-8